IENAKA SAIEN -SHITSUNAIDE HAJIMERU KITCHEN GARDEN-
© Suzuki Asami © Nitto Shoin Honsha Co., Ltd. 2012
Originally published in Japan in 2012 by NITTO SHOIN HONSHA Co., Ltd., TOKYO,
Korean translation rights arranged with NITTO SHOIN HONSHA Co., Ltd., TOKYO,
through TOHAN CORPORATION, TOKYO, and EntersKorea Co., Ltd., SEOUL.

이 책의 한국어판 저작권은 (주)엔터스코리아를 통해 저작권자와 독점 계약한 아르고나인에 있습니다.
신 저작권법에 의하여 한국 내에서 보호를 받는 저작물이므로 무단전재와 무단복제를 금합니다.

새싹채소로 꾸미는 집 안의 작은 텃밭

실내가드닝

스즈키 아사미 저 김세원 역

봄봄스쿨

실내 가드닝, 나도 시작해 볼까?

집 안에서 채소를 키우는 실내 가드닝.
텃밭이나 마당이 없어도 걱정 마세요.
어린잎이나 새싹채소 등
단기간에 수확할 수 있는 채소가 대부분이기 때문에
작은 컵이나 플라스틱 용기 등 집에서 쓰는 그릇을 활용하면 되지요.

갓 수확한 채소의 신선함을 한껏 맛볼 수 있고,
집 안에서 기르기 때문에 눈에 잘 띄는 곳에 두고
처음부터 끝까지 성장 과정을 지켜볼 수 있어서 매력적이죠.

책에서는 영양가가 높아 웰빙 식재료로 각광 받는 새싹채소부터
우리 집 건강 지킴이 방울토마토와 파프리카까지
총 32가지 채소와 허브 키우는 법을 소개합니다.

내 손으로 키워서 수확하기 때문에 걱정 없이 먹을 수 있는 안전한 먹거리.
직접 키운 채소를 활용한 영양만점 레시피도 함께 실었습니다.

실내 가드닝, 가벼운 마음으로 오늘부터 시작해 볼까요?

새싹채소

가든 양상추

민트

대파

식용 꽃

미니 무

뿌리채소 잎

파프리카

contents

6 실내 가드닝에 필요한 도구

Part 1 씨앗과 물로 키우기

9 재배 포인트
10 plant no.1 적양배추
12 plant no.2 알팔파
14 새싹채소를 맛있게 즐기는 간단 레시피
　　알팔파 토마토 구이
　　브로콜리 새싹 샐러드 파스타
15 적양배추와 무순으로 만든 피자
　　적양배추와 브로콜리 새싹 치킨 초밥

Part 2 남은 채소 다시 키우기

17 재배 포인트
18 plant no.3 바질
19 plant no.4 고수
20 plant no.5 물냉이
21 plant no.6 파드득나물
22 plant no.7 대파
23 plant no.8 쪽파
24 plant no.9 무청
25 남은 채소를 키워서 맛있게 즐기는 간단 레시피
　　물냉이와 견과류를 넣은 로즈마리 허니 구이
　　바질 만능 소스
26 닭고기 고수 샐러드
　　대파 솔솔 바게트
27 파드득나물 참마 오믈렛
　　연어 무청 밥

Part 3 씨앗과 흙으로 키우기

29 재배 포인트
32 plant no.10 베이비 루꼴라
34 plant no.11 샐러드 시금치
36 plant no.12 샐러드 쑥갓
38 plant no.13 아삭채
40 plant no.14 베이비 소송채
42 plant no.15 적겨자
44 plant no.16 미니 청경채
45 plant no.17 미니 셀러리
46 plant no.18 샐러드볼 양상추
47 plant no.19 상추
48 plant no.20 미니 무
49 plant no.21 래디시
50 plant no.22 이탈리안 파슬리
52 씨앗으로 키운 채소를 맛있게 즐기는 간단 레시피
　　어린잎과 감자를 곁들인 안초비 버터구이
　　샐러드 쑥갓과 삼겹살 페페론치노
53 샐러드 시금치와 미니 셀러리 절임
　　아삭채 두부 참깨 무침
54 래디시를 넣은 로즈마리 닭고기 찜
　　불고기에 어울리는 상추 샐러드
55 블루치즈 소스를 뿌린 미니 무
　　미니 청경채 스프

56 실내 가드닝 통신① 페트병이 멋진 화분으로 변신!
58 실내 가드닝 통신② 가드닝 채소, 다양하게 즐기기

Part 4 **모종으로 키우기**

61	재배 포인트
62	plant no.23 방울토마토
64	plant no.24 딸기
65	plant no.25 파프리카
66	plant no.26 꽈리고추
67	plant no.27 민트 / plant no.28 로즈마리
68	plant no.29 오레가노 / plant no.30 타임
69	plant no.31 레몬그라스 / plant no.32 딜
70	모종으로 키운 채소를 맛있게 즐기는 간단 레시피

방울토마토 이탈리안 볶음밥
딸기와 민트를 올린 허니 바게트

71 레몬그라스 아시안 닭꼬치
로즈마리 과일차

72 방울토마토 간단 술안주
구운 파프리카 절임

73 실내 가드닝 통신③ 에디블 플라워를 길러봅시다
74 실내 가드닝 통신④ 다육식물 용월 재배하기
75 실내 가드닝 통신⑤ 귀엽고 간편한 재배 키트
76 실내 가드닝 통신⑥ 실내 가드닝 Q&A

79 마치며

실내 가드닝에 필요한 도구

실내 가드닝에 필요한 도구는 생각보다 아주 간단합니다. 키우고 싶은 채소 씨앗과 흙을 준비했다면 나머지는 걱정 마세요. 플라스틱 용기, 우유팩, 계란 판, 종이컵 등 집에 있는 물건으로 대체할 수 있으니까요.

기본 도구

흙

재배에 용이하도록 이상적으로 흙을 배합해 놓은 배양토를 사용한다. 이왕이면 우리 몸에 안전한 채소를 키우기 위해 유기 배양토를 추천한다.

씨앗

씨앗은 한 봉지에 많은 양이 들어 있어서 한 번에 다 쓰지 못할 수 있다. 남은 씨앗은 습기가 들어가지 않도록 잘 밀봉하여 냉장고에 보관한다.

물뿌리개·분무기

실내 가드닝은 작은 용기에 채소를 키우기 때문에 물줄기가 가느다란 물뿌리개나 분무기라야 물을 줄 때 편하다. 액체 비료를 줄 때도 유용하게 쓰인다.

삽·숟가락

삽은 용기에 흙이나 자갈을 담을 때 사용하고, 숟가락은 흙을 모으거나 씨앗을 뿌릴 때, 거름을 줄 때 사용한다. 플라스틱 숟가락이나 컵처럼 생긴 스쿱이 있으면 씨앗 심을 때 훨씬 수월하다.

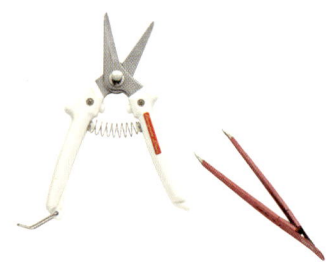

가위·핀셋

가위는 원예용이 편리하다. 뿌리나 줄기를 자를 때뿐만 아니라 속음질을 하거나 수확할 때도 가위와 핀셋을 사용한다. 일회용 나무젓가락도 있으면 편리하다.

비료

액체 비료나 고체 비료 중 한 가지를 준비한다. 액체 비료는 물을 줄 때 함께 줄 수 있어서 편리하다. 잎에 힘이 없어 보일 때 뿌린다.

재배 용기

플라스틱 컵이나 일회용 도시락 용기, 플라스틱 그릇이나 사발 등 집에 있는 용기를 사용한다. 수확을 금방 하는 채소는 뿌리가 썩을 일이 별로 없기 때문에 용기 밑에 구멍을 뚫지 않아도 된다.

있으면 더욱 편리한 도구

발아 포트

미지근한 물을 부어 불린 포트에 씨앗을 넣어두면 발아가 빨리 된다. 싹이 나면 한 칸씩 흙으로 옮겨 키운다.

자갈

화분에 키우거나, 대파처럼 뿌리가 썩기 쉬운 채소를 키울 때 용기 아래쪽에 자갈을 넣으면 물 빠짐이 좋아진다.

목장갑

씨앗을 뿌리거나 분갈이를 할 때 사용한다. 손을 더럽히고 싶지 않을 때도 유용하다.

발아 스프레이

발아 촉진제. 씨앗을 뿌린 흙에 뿌려준다. 기온이 낮을 때나 발아 예정일이 지나도록 싹이 나지 않을 때 사용한다.

활력제

싹이 난 후부터 수확할 때까지 잎에 뿌리는 영양제. 어린잎 채소는 잎을 먹기 때문에 천연 성분으로 만든 활력제를 사용해야 한다.

물 주기 포트(뾰족한 캡)

물이 담긴 페트병 등의 용기 입구에 캡을 끼우고 흙에 꽂아두면 물이 흙에 조금씩 스며든다. 집을 오래 비워야 할 때 큰 도움이 된다.

Part 1

열흘 만에 수확하는
새싹채소

씨앗과 물로 키우기

열흘이면 바로 수확할 수 있는

영양만점 새싹채소 키우기.

비타민과 미네랄이 풍부한 새싹은

물과 씨앗만 있으면 누구나 손쉽게 키울 수 있어요.

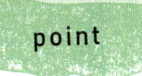

재배 포인트

다양한 종류의 새싹채소

새싹채소는 순무, 브로콜리, 루콜라, 알팔파 등 다양한 종류가 있다.
시중에 각양각색의 새싹채소 씨앗을 팔고 있으니 용도에 따라 다양하게 키워보자.

루꼴라(로켓)
참깨와 비슷한 루꼴라 특유의 구수한 풍미가 느껴진다.

브로콜리
새싹 중에서도 특히 영양이 풍부하고 발아율도 높다.

붉은 순무
줄기가 자줏빛을 띠어 색감이 좋고 톡 쏘는 매운 맛이 특징이다.

적양배추
보라색 줄기가 예쁘며 항산화 작용이 강하다.

알팔파
자주개자리라고도 하며 아삭아삭한 식감이 특징이다.

콩나물
나물 중에서도 단백질과 비타민이 유독 풍부하다.

폭이 넓은 용기

그물망이 달린 새싹채소 재배 전용 용기도 시중에서 흔히 구할 수 있지만, 도자기나 유리그릇도 괜찮다. 뿌리가 길게 자라는 종류는 깊고 폭이 넓은 용기를 선택한다.

씨앗은 새싹채소 전용으로

씨앗을 살 때는 '새싹채소'라고 표시된 것을 고른다. 시중에 나오는 씨앗 중에는 약품을 사용하여 살균 처리한 것도 있다. 흙에 심어서 키울 때는 문제가 없지만, 싹을 바로 먹는 새싹채소 용도로는 부적합하다. 반드시 살균 처리 되어 있지 않은 새싹채소 전용 씨앗을 선택하도록 한다.

적당한 간격으로 씨 뿌리기

용기에 씨앗을 뿌릴 때는 적당한 간격을 준다. 싹을 너무 많이 담으면 뿌리가 다닥다닥 붙게 되고, 수분과 영양소가 부족하여 뿌리가 썩을 수 있다.

물 양에 주의하자

물이 용기 바닥에 고일 정도로 많이 주면 뿌리가 호흡하지 못하고 썩을 수 있다. 분무기로 물을 줄 때는 항상 깨끗한 물을 새로 담아서 준다.

 강력한 항산화 기능이 있는 보라색 새싹채소

plant no 1 | 적양배추

적양배추는 다른 커다란 채소보다 영양이 풍부하고, 해가 잘 들지 않는 곳에서도 손쉽게 키울 수 있어요. 이파리가 자주색이라 장식 효과도 있지요. 항산화 성분이 듬뿍 들었으니 미용을 생각한다면 많이 드세요.

● 준비물

- 새싹채소 전용 적양배추 씨앗
- 용기(유리나 도자기 컵)
- 스펀지나 탈지면

● 수확하기까지 걸리는 시간 … 약 10~14일
씨앗을 뿌린 후 5일 동안 빛을 차단한 채 그늘에서 키운다. 6일째부터는 다시 빛을 쪼이고, 10~14일째에 수확한다.

● 재배 장소
20~25℃ 정도의 실내에서 키우며, 수확 직전에 창가로 옮긴다.

1 사전 준비

폭이 넓은 용기를 준비한다. 이왕이면 성장 과정이 눈에 잘 보이는 유리컵이 좋다. 탈지면을 용기 크기에 맞게 잘라서 바닥에 깐다.

2 씨 뿌리기

분무기 등으로 탈지면을 충분히 적시고, 숟가락에 씨앗을 담아 탈지면 위에 살살 뿌린다. 씨앗이 겹겹이 쌓이지 않도록 잘 흩뿌려준다.

\ Point /
씨앗의 양
용기의 지름이 10cm라면, 씨앗은 한 숟가락 정도만 뿌린다. 찻숟가락을 사용한다면 두 숟가락 정도가 적당하다.

3 빛 차단하기

용기를 알루미늄 호일로 감싸 어둡게 하거나 상자를 덮어서 싹이 발아할 때까지 빛을 차단한다.

4 발아

하루나 이틀 정도 지나면 싹이 나기 시작한다. 매일 한두 번 씨앗이 떠내려가지 않도록 분무기로 물을 뿌려 촉촉하게 적셔준다.

5 햇빛 쪼이기

싹이 7cm쯤 자라면 빛을 쬐어 떡잎이 녹색으로 변하게 한다. 하루에 3시간 정도면 적당하다. 창가처럼 통풍이 잘 되는 장소에 둔다.

Point 빛의 영향
빛을 쪼이면 잎과 줄기의 색이 금세 진해진다.

6 수확

빛을 쪼인 후 붉은빛이 감돌기 시작하면, 이제 수확을 해도 된다는 신호이다. 용기에서 싹을 꺼낸 후, 탈지면에 붙은 씨앗 부분과 뿌리를 가위로 잘라내어 수확한다.

Point 먹는 방법
밑동을 가위로 자른 후, 물에 잘 씻어서 먹는다.

다이어트 식품으로 인기!

| plant no 2 | 알팔파

실처럼 가느다랗고 연해서
'실 새싹'이라고 불리는 알팔파.
아삭아삭한 식감이 특징이에요.
단백질, 카로틴, 비타민C가 풍부해서 미국에서는
다이어트 식품으로 통한답니다.

● 준비물
· 새싹채소 전용 알팔파 씨앗
· 용기(폭이 넓은 그릇)
· 거즈(또는 구멍이 촘촘한 망이나 키친타월)
· 끈(또는 고무줄)

● 수확하기까지 걸리는 시간 … 약 7~10일
재배 기간 중에는 그늘에 두고 키운다.

● 재배 장소
20~25℃ 정도의 실내.
수확 직전에 창가로 옮긴다.

1 씨앗 불리기

씨앗을 24시간 동안 물에 담가서 수분을 흡수시킨다. 이때 물에 떠오르는 씨앗은 건져서 버린다. 발아하면 부피가 10배 가까이 커지기 때문에 씨앗 양을 적당히 조절한다.

2 물 따라내기

물을 빼기 위해 용기 입구에 망이나 키친타월을 덮고 고무줄로 고정시킨 후, 용기를 기울여서 물을 따라낸다. 플라스틱 컵에 구멍을 뚫어서 물을 빼내는 방법도 있다.

Part.1 씨앗과 물로 키우기

3 빛 차단하기

물을 전부 따라냈으면, 용기에 알루미늄 호일을 덮어 빛을 차단한다. 상자 안에 넣은 후 뚜껑을 닫아놓아도 된다.

4 세척하기

매일 두세 번 용기에 물을 담고 살살 흔들어 씨앗에서 나온 점액 물질을 물과 함께 따라 버린다. 기온이 높을 때는 세척 횟수를 늘려준다. 좀 더 예쁜 색깔의 새싹으로 키울 수 있다.

Point
발아
이 상태로 2~3일 정도 기다리면 싹이 나기 시작한다.

5 수확

7~10일 정도 지나 키가 5cm 이상 자라면 수확한다. 먹을 때는 씨앗 껍질을 흐르는 물에 걸러낸 후 먹는다.

Point
깜찍한 재배 용기
물에 불린 씨앗을 숟가락에 얹어서 키워도 상당히 귀엽다.

차가운 물에 씻은 후 식탁으로!

용기에서 꺼낸 싹은 찬물로 씻은 후 탁탁 털어서 식탁에 낸다. 물기 제거용 채소 탈수기가 있으면 훨씬 편리하다. 그늘 발아 새싹채소인 참깨, 녹두, 콩나물도 같은 방법으로 키울 수 있다.

Part 1 | 새싹채소를 맛있게 즐기는 간단 레시피

알팔파 토마토 구이

재료(2인분)
- 알팔파 … 40g
- 토마토 … 2개
- 모짜렐라 치즈 … 50g
- 안초비 … 1마리
- 올리브오일 … 1작은술
- 소금, 후추 … 적당량

recipe

1. 토마토 하나에 칼집을 두 개씩 넣고, 먹기 좋은 크기로 자른 모짜렐라 치즈와 알팔파, 잘게 썬 안초비를 끼워 넣는다.

2. 1에 올리브오일과 소금, 후추를 뿌린다. 오븐에 알루미늄 호일을 깔고 6~7분가량 굽는다. 모짜렐라 치즈가 따뜻할 때 먹어야 맛있다.

One point advice
오븐에 굽는 시간은 취향에 따라 조절한다. 오레가노나 파슬리를 곁들여도 맛있다. 토마토에서 수분이 나오기 때문에 반드시 알루미늄 호일을 깔고 오븐에 넣는다.

브로콜리 새싹 샐러드 파스타

재료(2인분)
- 브로콜리 새싹 … 30g
- 카펠리니 면 … 100g
- 연어 … 80g

A …
- 바질 소스 … 1큰술(25쪽 참조)
- 마요네즈 … 1큰술
- 소금, 후추 … 적당량
- 화이트 와인 비네거 … 1작은술
- 올리브오일 … 1½ 큰술

recipe

1. 커다란 냄비에 물을 충분히 붓고, 소금 1작은술을 넣는다. 물이 끓으면 카펠리니 면을 넣고 삶는다.

2. 한 입 크기로 자른 연어, 브로콜리 새싹, A의 재료를 큰 그릇에 넣고 가볍게 섞는다.

3. 카펠리니 면이 다 익으면 흐르는 물에 헹궈 2와 잘 버무린다.

One point advice
연어 외에 게살, 참치, 연어알 등으로 만들어도 맛있다. 여러 종류의 새싹채소를 섞거나 취향에 따라 새싹 양을 늘려도 좋다.

Let's Cook!

적양배추와 무순으로 만든 미니 피자

재료(2인분)

- 적양배추, 무순 … 적당량
  (피자 한 판에 5~6줄기 토핑)
- 만두피 … 6장
- 마요네즈 … 4큰술
- 고추냉이 … 적당량
- 바질 소스 … 적당량(25쪽 참조)
- 문어 … 30g
- 연어 … 20g

recipe

1. 고추냉이와 바질 소스에 마요네즈를 각각 2큰술씩 넣고 잘 섞어서 두 종류의 소스를 만든다.

2. 연어와 문어를 한 입 크기로 잘라서 각각 만두피 위에 얹는다. 연어 위에는 바질 마요네즈 소스, 문어 위에는 고추냉이 마요네즈 소스를 얹는다. 오븐에 넣어 표면이 노릇노릇한 옅은 갈색이 될 때까지 약 3분간 굽는다.

3. 오븐에서 꺼내 무순이나 적양배추를 토핑한다. 따뜻할 때 훨씬 맛있으니 식기 전에 먹는다.

One point advice

바질 소스와 고추냉이에 마요네즈를 섞는 간단 소스는 채소 찜이나 샐러드에도 잘 어울린다. 소스를 비닐봉지에 넣은 후 끝을 잘라 짜내면 피자를 예쁘게 꾸밀 수 있다.

적양배추와 브로콜리 새싹 치킨 초밥

재료(2인분)

- 적양배추, 브로콜리 새싹 … 각 30g
  (새싹채소는 취향대로 준비)
- 장식용 새싹채소 … 적당량
- 닭고기 다진 것 … 150g
- 쌀밥 … 1공기
- 간장 … 1½ 큰술
- 생강즙 … 1작은술
- 설탕 … 1½ 큰술
- 맛술 … 1½ 큰술
- 청주 … 1큰술
- 검은깨 볶은 것 … 1작은술
- 유부(시판용) … 4장

recipe

1. 기름을 두르지 않은 프라이팬에 닭고기 다진 것, 간장, 설탕, 맛술, 청주, 생강즙을 넣어 잘 섞는다. 뭉치지 않도록 젓가락으로 저어가며 수분이 없어질 때까지 중불로 익힌다.

2. 밥에 2cm 길이로 자른 새싹채소와 검은깨를 섞고, 손으로 주먹밥을 만들어 유부 안에 채워 넣는다.

3. 2번 위에 장식용 새싹을 살짝 얹는다.

One point advice

분홍색 무순을 사용하면 겉보기에 훨씬 예쁘다. 아삭아삭한 식감이 맛의 비결!

Part 2

요리하고 남은 채소로 다시
맛있는 식탁을!

남은 채소 다시 키우기

씨앗이 없다고요?

부엌을 한번 둘러보세요.

요리하다 남은 채소를 물에 담가두기만 해도

맛있게 키워 먹을 수 있거든요.

게다가 파뜨득나물이나 대파는 그냥 그늘에 둬도 괜찮아요.

부엌 한 구석에 가만히 놓아두면

저 혼자 쑥쑥 자란답니다.

• 재배 포인트 •

뿌리를 물에 담가 두기

평소에는 필요 없다고 버렸던 채소의 뿌리 부분을 잘라서 물에 담근 후, 길게 자랄 때까지 키운다. 물은 뿌리가 전부 잠길 정도가 좋다. 채소마다 뿌리 길이가 다르므로 물의 양을 적당히 조절한다.

밑이 깊은 용기 선택하기

뿌리가 곧게 자라도록 컵처럼 깊은 용기를 선택한다. 사진처럼 뿌리가 옆으로 누워버리면 성장에 방해가 된다.

물 주는 방법

물에 담가 키울 때

하루에 한 번 깨끗한 물로 간다.

흙에 심었을 때

흙이 건조해 보이면 겉의 흙이 촉촉해질 정도로 물을 준다.

뿌리가 자라면 흙에 옮겨 심기

1. 자갈 넣기

대파는 뿌리가 잘 썩기 때문에 물이 잘 빠지도록 용기 밑에 자갈을 깐다.

2. 대파 심기

흙을 용기의 1/3 정도로 담고, 대파를 그 위에 잘 세운다.

3. 흙 채우기

대파가 쓰러지지 않도록 흙을 마저 채운다.

4. 흙 다지기

흙을 가볍게 눌러서 평평하게 다지면 재배 준비 끝!

 시중에 파는 바질을 물에 담그기만 하면 끝!

plant no 3 | 바질

이탈리아 요리에 반드시 들어가는 대표 허브 바질. 상쾌한 향을 맡으면 키우기만 해도 치유 받는 느낌이에요. 씨앗이나 모종으로 키워도 되고, 요리하다 남은 바질을 물에 담가두기만 해도 손쉽게 재배할 수 있어요.

● 준비물
· 줄기가 있는 바질 잎
· 머그컵(또는 유리컵)
· 대접(또는 플라스틱 용기)
· 흙

● 수확까지 걸리는 시간 … 약 3주~
물에 담가둔 지 5~10일 정도 지나면 뿌리가 자라기 시작한다. 뿌리가 전부 자라면 흙에 옮겨 심고 2주쯤 지나면 수확할 수 있다.

● 재배 장소
창가처럼 통풍이 잘 되고 볕이 좋은 장소를 선택한다.

1 물에 담그기

뿌리가 나왔다!

머그컵이나 유리컵에 물을 넣고, 잎이 물에 잠기지 않도록 줄기 아랫부분만 담가둔다. 5~10일이 지나면 줄기 끝에서 뿌리가 나오기 시작한다. 물은 이틀에 한 번 정도 간다.

Point / 물에 담글 때
잎이 물에 닿으면 금방 색이 변하고 썩을 수 있다. 물에 담글 때 잎이 물에 잠기지 않도록 조심한다.

2 흙에 옮겨 심기

수확!

뿌리가 나오면 흙을 담은 용기에 옮겨 심는다. 2주쯤 후부터 잎을 뜯어서 요리에 사용할 수 있다. 꽃이 피면 잎이 질겨지기 때문에 빠른 시일 내에 수확한다.

Point / 거름 주기
흙에 옮겨 심은 후에는 잎의 성장을 촉진시키기 위해 웃거름을 준다. 고체 비료를 쓸 경우, 많은 양의 비료가 뿌리에 직접 닿으면 잎이 시들 수 있으니 비료가 뿌리에 닿지 않도록 주의한다.

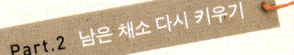

 적은 양으로 요리에 향을 더하는 허브

plant no 4 고수

고수는 태국 요리에 많이 쓰이는
독특한 향의 허브입니다.
뿌리가 있는 고수를 준비한 후,
뿌리 끝부분을 잘라서 물에 담가보세요.
요리에 아주 적은 양만 넣어도 에스닉한 풍미가 납니다.

● 준비물
· 뿌리가 있는 고수
· 머그컵(또는 유리컵)
· 우유 팩(또는 화분, 플라스틱 용기)
· 흙

● 수확까지 걸리는 시간 … 약 3주~

뿌리가 있는 고수를 물에 담가두면 7~10일 무렵 잎이 돋아나기 시작한다. 곧바로 흙에 옮겨 심으면 잎이 더욱 무성해진다.

● 재배 장소

창가처럼 통풍이 잘 되고 볕이 잘 드는 장소를 선택한다.

1 물에 담그기

잎이 자랐어!

뿌리가 있는 고수의 줄기 부분을 5cm만 남기고 자른 후, 뿌리만 물에 담근다. 물은 이틀에 한 번 정도 갈고 잎이 돋아나면 흙을 담은 화분에 옮겨 심는다.

Point 뿌리가 있는 고수
고수를 물에 담가 키울 때는 뿌리가 있는 줄기 부분을 선택한다. 뿌리가 없으면 잘 자라지 않는다.

2 흙에 옮겨 심기

수확!

잎이 돋았다면 화분이나 밀폐용기에 흙을 담고 옮겨 심는다. 흙이 마르기 시작하면 아침 시간에 물을 준다. 햇빛이 다소 부족해도 잘 자란다.

Point 웃거름 주기
흙에 옮겨 심은 후 한 번 수확을 했다면 웃거름으로 액체 비료를 준다. 잎이 금세 자라서 다시 수확할 수 있다.

줄기를 옮겨 심으면 신선한 잎이 무럭무럭!

plant no 5 | 물냉이

물냉이를 고기 요리에 곁들이면
톡 쏘는 향을 느낄 수 있어요.
요리 후 남은 물냉이 줄기를 물에 담갔다가
흙에 옮겨 심으면 잎이 무성하게 자라요.

● 준비물
· 잎이 달린 물냉이 줄기
· 머그컵(또는 유리컵)
· 화분(또는 우유 팩, 플라스틱 용기)

● 수확까지 걸리는 시간 … 약 2주~

물냉이 줄기를 물에 담가두면 4~7일 후에 뿌리가 나오기 시작한다. 뿌리가 나오면 흙에 옮겨 심는다.

● 재배 장소

물냉이는 더위에 약하다. 창을 열어놓고 지내는 여름에는 커튼을 쳐서 직사광선에 노출되지 않도록 주의한다.

1 물에 담그기

뿌리가 나왔다!

요리를 하고 남은 물냉이 줄기를 그대로 깨끗한 물에 담가두자. 일주일 정도 지나면 조금씩 곁순과 뿌리가 자라기 시작한다.

\Point/
사전 준비
잎이 물에 잠기면 자칫 썩을 수 있다. 물에 잠기는 줄기 아랫부분의 잎은 가위로 정리한다.

2 흙에 옮겨 심기

수확!

뿌리가 나오면 깊은 화분에 옮겨 심는다. 물냉이는 건조한 환경을 싫어하기 때문에 흙이 마르지 않도록 물을 듬뿍 준다. 잎의 색깔이 연해지면 액체 비료를 준다.

\Point/
재수확
수확할 때 작은 줄기를 남기면, 작고 파릇파릇한 새순이 차례로 돋아나서 다시 수확할 수 있다.

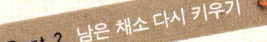

 요리에 향을 더하는 허브를 주방에서

plant no 6 | 파드득나물

요리를 하고 남은 파드득나물 뿌리를
물에 담가두면 신기하게도 잎이 돋아나요.
음식에 향을 더해주는 파드득나물은
일본음식에 많이 사용되지요.
잎이 쑥쑥 잘 자라니 그때그때 수확해서 맛보세요.

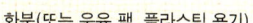

● 준비물
· 파드득나물 뿌리
· 머그컵(또는 유리컵)
· 화분(또는 우유 팩, 플라스틱 용기)

● 수확까지 걸리는 시간 … 7일~
파드득나물의 뿌리를 물에 담그면 잎이 조금씩 돋아나기 시작한다. 잎이 나온 후에는 흙에 옮겨 심는다.

● 재배 장소
부엌이나 창가처럼 통풍이 잘 되는 장소를 고른다.
부엌 안쪽이나 현관처럼 햇빛이 바로 비추지 않는 곳에서도 잘 자란다.

1 물에 담그기

파드득나물 밑동을 5cm만 남기고 자른 후, 뿌리가 잠기도록 물에 담가둔다. 열흘쯤 되면 잎이 나오기 시작하는데, 이때부터 바로 수확할 수 있다.

Point / 잎의 성장
잎이 자랐는데도 계속 물에 담가두면 뿌리가 썩거나 풍미가 떨어질 수 있다. 잎이 2~3개 나오면 바로 흙에 옮겨 심는다.

2 흙에 옮겨 심기

물에 담가두었을 때는 잎이 자랄 때마다 바로 수확해야 하지만, 흙에 옮겨 심으면 두고두고 천천히 수확해도 된다.

Point / 수확 시기
파드득나물은 잎이 생생하고 줄기에 윤기가 있을 때 제일 맛있다. 길이가 8cm 이내일 때 얼른 수확한다.

가드닝 초보자도 손쉽게 기를 수 있어요!

plant no 7 | 대파

대파를 사서 요리에 사용한 후에 뿌리부터 몇 cm만 잘라 남겨두세요. 물에 담가두기만 해도 쭉쭉 자란답니다. 어둡지 않은 그늘에서도 잘 자라기 때문에 부엌 한 구석에 두고 손쉽게 키울 수 있어요. 한데 모아서 심으면 돌아가며 수확할 수 있어서 편리해요.

● 준비물
- 대파 밑동 3~5cm
- 머그컵(또는 유리컵)
- 자갈

● 수확까지 걸리는 시간 … 약 1주~

물에 담근 지 3일쯤 지나면 잎이 자라기 시작한다. 그 상태로 흙에 옮겨 심으면 7일 이내에 수확할 수 있다. 수확할 때 밑동을 남겨두면 오랫동안 키울 수 있다.

● 재배 장소

부엌이나 창가처럼 통풍이 잘 되고 볕이 좋은 곳에서 잘 자란다. 빛이 바로 들어오지 않아도 어둡지만 않으면 괜찮다.

1 물에 담그기

잎이 자랐어!

5cm 길이의 대파 밑동을 뿌리만 잠기도록 물에 담근다. 뿌리가 없어도 상관없지만 뿌리가 있는 편이 훨씬 잘 자란다. 1~2일이면 초록색 잎이 자라기 시작한다.

Point / 물 주기
대파는 물 빠짐에 민감해서 뿌리가 잘 썩기 때문에 물 양에 주의해야 한다. 뿌리 부분이 겨우 잠길 정도가 적당하다.

2 흙에 옮겨 심기

수확!

잎이 자라면 흙에 옮겨 심는다. 대파는 물 빠짐에 약하니 자갈을 3cm 정도 깐다. 뿌리 근처 하얀 부분을 남기고 초록색 부분만 잘라서 먹으면 그 자리에 다시 잎이 자라 몇 번이고 수확할 수 있다.

Point / 흙에 옮겨 심는 시기
물에 너무 오래 담가두면 기껏 자라난 잎이 축 처져 꺾일 수 있다. 잎이 어느 정도 돋아나면 빠른 시일 내에 흙에 옮겨 심는다.

 밑동을 흙에 꽂아두기만 해도 쑥쑥

| plant no 8 | 쪽파

쪽파는 요리에 뿌리는 고명이나 각종 양념에 꼭 들어가죠.
쪽파 밑동을 5cm 정도 잘라서 흙에 심어보세요.
쑥쑥 자라는 모습을 눈으로 확인할 수 있어요.
수확할 때 밑동을 남겨두고 필요한 만큼만 뜯어 쓰면
반복해서 수확할 수 있답니다.

● 준비물
· 쪽파 밑동 5cm
· 컵

● 수확까지 걸리는 시간 … 약 1주~
흙에 심은 지 7일 정도 지나면 수확할 수 있다. 밑동을
남기고 수확하면 3~4년 이상 계속 자라기도 한다.

● 재배 장소
부엌이나 창가처럼 채광과 통풍이 잘 되는 장소를 선택한다.
빛이 바로 들어오지 않는 곳에서도 어둡지만 않으면 잘
자란다.

1 흙에 심기

쪽파 밑동을 5cm 길이로 잘라서 흙에 심는다. 뿌리가 있는 쪽파를 심어야 훨씬
빨리 자란다. 뿌리가 쭉쭉 뻗어나가도록 깊은 용기를 선택한다.

Point
물에 담가서 뿌리를
먼저 키워도 OK
물에 담가 뿌리가 나오기 시
작하면 요리에 쓸 수 있다.

2 성장

흙에 심은 지 1~2일만 지나도 초록색 이파리 부분이
기다랗게 자라기 시작한다. 이때 뿌리도 꽤 길어졌기
때문에 잎이 자라면 흙을 보충해야 뿌리가 더욱 튼튼
해진다.

Point
한 곳에 모아 심어도 좋다
여러 줄기를 한 곳에 모아 심어
도 괜찮다. 다만 뿌리가 잘 자라
도록 깊은 용기를 선택하자.

 다양한 요리에 활용하는 만능 잎채소

plant no 9 | 무청

무는 잘라서 물에 담가두기만 해도 잎이 금세 자라요. 이렇게 수확한 무청은 소금에 살짝 절여서 무치면 맛있는 밑반찬이 되지요. 당근, 순무, 비트 등 다른 뿌리채소도 똑같이 재배하면 된답니다.

● **준비물**
- 무 밑동
- 유리 그릇(또는 얕은 컵)

● **수확까지 걸리는 시간** … 1주~

신선한 무가 아니면 무청이 잘 자라지 않을 수 있으니 신선한 무를 고른다.

● **재배 장소**

부엌이나 창가처럼 채광과 통풍이 잘 되는 곳을 좋아한다. 다소 빛이 부족한 장소여도 크게 상관없다.

1 물에 담그기

무의 밑동을 2cm 남기고 자른 후 물에 담근다. 물을 지나치게 많이 부으면 썩을 수 있으니 무의 단면 부분만 물에 잠기도록 한다.

2 수확

일주일 정도 지나면 무청이 길게 자라기 시작한다. 시간이 지날수록 서서히 시들기 때문에 무청이 신선할 때 얼른 수확한다.

\ Point /

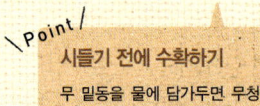

시들기 전에 수확하기
무 밑동을 물에 담가두면 무청이 쭉쭉 자라다가 어느 순간 축 처진다. 15cm 정도가 되면 수확하자.

그 밖의 잎채소들

당근, 순무, 비트 등 뿌리채소를 물에 담가두면 신선한 잎이 자라서 여러 번 반복해서 수확할 수 있다. 하루에 한 번 물을 갈면 더욱 신선한 잎이 자란다.

Part 2 남은 채소를 키워서 맛있게 즐기는 간단 레시피

물냉이와 견과류를 넣은 로즈마리 허니 구이

재료(2인분)
- 물냉이 … 3줄기
- 호두 … 25g
- 캐슈너트 … 25g
- 로즈마리 … 1다발
- 오렌지 주스 … 30cc
- 메이플 시럽 … 2큰술
- 올리브오일 … 약간

recipe

1. 약한 불로 프라이팬을 달궈 적당한 크기로 자른 캐슈너트와 호두를 살짝 볶는다. 또는 오븐에 넣어 갈색빛이 감돌 때까지 굽는다.

2. 노릇노릇해진 캐슈너트와 호두는 다른 접시에 꺼내놓는다. 프라이팬에 오렌지 주스, 메이플 시럽, 올리브오일을 붓고 로즈마리를 넣어 약불에 졸이다가 꺼내둔 캐슈너트와 호두를 넣고 잘 볶는다. 마지막에 물냉이를 넣어 버무린다.

> **One point advice**
> 마무리로 아몬드를 뿌리거나 다른 새싹채소를 곁들이는 등 아이디어는 무궁무진하다. 오렌지 주스를 넣으면 적당한 산미와 단맛을 내어 좋지만, 오렌지 주스가 없다면 포도 주스를 넣어도 상관없다.

바질 만능 소스

재료(만들기 쉬운 분량)
- 바질 … 30g
- 호두(또는 잣) … 15g
- 올리브오일 … 100cc
- 마늘 … $\frac{1}{2}$ 조각
- 소금 … 적당량

recipe

모든 재료를 믹서나 푸드 프로세서에 넣고 돌린다. 그 위에 올리브오일을 끼얹어 공기와 접촉을 막으면 냉장고에서 한 달 정도 보관할 수 있다. 냉동실에 넣어두면 더욱 오래 먹을 수 있다.

> **바질 소스를 이용한 레시피**
> ◆ 잘게 다진 삶은 달걀과 바질 소스 1큰술을 섞어서 바게트나 크래커에 얹어 먹어도 맛있다. 방울토마토와 파슬리로 장식하면 손님 접대용으로 그만이다.
> ◆ 크림치즈 1큰술에 바질 소스 1~2작은술을 섞으면 즉석에서 바질 치즈크림이 완성된다. 바게트와 찰떡궁합.

닭고기 고수 샐러드

재료(2인분)
- 고수 … 35g
- 닭고기 저민 것 … 60g
- 강황 가루 … $\frac{1}{4}$ 작은술
- 가람마살라(매운 맛이 나는 인도의 혼합향신료) … $\frac{1}{4}$ 작은술
- 소금, 후추 … 적당량

A …
- 남플라(생선을 발효시킨 태국 조미료) … 2큰술
- 레몬즙 … 1큰술
- 샐러드 오일 … 적당량

recipe
1. 고수를 먹기 좋은 크기로 자른다. 닭고기 저민 것을 커다란 볼에 담고 소금, 후추, 강황 가루, 가람마살라를 넣어 잘 버무린다.
2. 달군 프라이팬에 기름을 두르고 1의 닭고기를 중간 불에 볶는다.
3. A로 양념장을 만들어 고수와 버무리고 2를 곁들여 접시에 담는다.

One point advice
고수와 남플라는 음식 궁합이 매우 좋다. 남플라에 짭짤한 맛이 있기 때문에 조미료는 아주 조금만 넣는다. 취향에 따라 토마토로 포인트를 준다.

대파 솔솔 바게트

재료(2인분)
- 대파 … 1개(또는 쪽파 2개)
- 바게트 … 6조각
- 구운 김 … 3장

A …
- 참기름 … 1큰술
- 잔멸치 말린 것 … 1큰술
- 간장 … 2작은술
- 소금, 후추 … 적당량
- 송송 썬 고추 … 1개 분량

recipe
1. 달군 프라이팬에 기름을 두르고 1cm 길이로 자른 파와 A의 재료를 함께 볶는다.
2. 적당한 크기로 자른 김을 바게트 위에 깔고 1을 토핑한다.

One point advice
맥주 안주로 최고! 술이 저절로 넘어간다. 치즈를 얹은 후 표면이 노릇노릇해질 정도로 오븐에 구워도 맛있다.

파드득나물 참마 오믈렛

재료(2인분)

- 파드득나물 … 4~5줄기
- 달걀 … 3개
- 참마 … 60g
- 간장 … 1작은술
- 구운 김 … 1장(또는 도시락용 김 5장)
- 올리브오일 … 1작은술
- 파드득나물(장식용) … 조금

recipe

1 참마는 껍질을 벗긴 후 강판에 갈고, 김과 파드득나물은 잘게 썬다. 걸쭉하게 간 참마는 토핑용으로 2큰술 정도 덜어놓는다.
2 달걀을 푼 그릇에 1을 넣고 젓가락으로 가볍게 섞는다.
3 프라이팬에 올리브오일을 두르고, 2를 절반 정도 붓는다. 젓가락으로 살살 저어가며 약한 불에 익힌다.
4 열이 어느 정도 올라오면 프라이팬을 기울여 나머지 2를 전부 붓는다. 오믈렛 모양으로 가다듬어 주면서 폭신폭신하게 익힌다.
5 오믈렛을 접시에 담은 후 1에서 남겨두었던 참마를 뿌리고, 파드득나물 잎으로 장식한다.

One point advice

입맛에 따라 우유, 두유, 생크림, 치즈 등을 달걀에 섞으면 한결 부드러운 오믈렛이 완성된다. 명란을 섞어도 잘 어울린다. 입 안에 번지는 파드득나물의 향긋한 향이 일품이다!

연어 무청 밥

재료(2인분)

- 무청 … 1줄기
- 아마자케 … 3큰술
- 연어 … 2조각
- 쌀 … 2컵
- 생강 다진 것 … 2작은술
- 간장 … 2큰술
- 버터 … 20g
- 소금 … 1/8 작은술

A …
- 참기름 … 1큰술
- 소금 … 적당량
- 간장 … 2작은술

recipe

1 비닐봉지에 연어, 아마자케, 간장, 생강 다진 것을 넣어 흔든 뒤 냉장고에 하룻밤 넣어둔다.
2 달군 프라이팬에 버터 10g을 녹이고, 1의 연어를 얹어 강한 불로 겉면이 노릇해질 때까지 굽는다.
3 무청을 1cm 길이로 썰어 참기름을 두른 프라이팬에 중간 불로 볶는다. 이때 A를 넣어 맛을 낸다.
4 밥솥에 쌀과 1의 국물을 붓고, 물을 쌀 2컵 분량에 맞춰 넣는다. 버터 10g, 소금, 2의 연어를 넣고 밥을 짓는다. 밥이 다 되면 잠시 뜸을 들이고, 연어 살을 밥과 골고루 섞은 후 3의 무청을 섞어 그릇에 담아낸다.

One point advice

요리를 할 때 생강이나 아마자케를 더하면 미용과 건강에 탁월한 효과가 있다. 막걸리와 비슷한 아마자케에는 미백, 노화 방지, 치매 예방, 비만 예방, 암세포 억제 등 수많은 효능이 있다. 연어 대신 도미로 밥을 지어도 영양 만점이다!

어려운 기술은 하나도 없어요.

컵이나 플라스틱 용기에 흙을 담고 씨앗을 심으세요.

정성스레 싹을 솎아주면 쑥쑥 자랄 거예요.

Part 3

각종 잎채소와 미니 무
13가지 채소가 총집합

씨앗과 흙으로 키우기

재배 포인트

씨앗 심기

줄 맞춰 심기
가느다란 봉이나 손가락으로 흙 위에 선을 긋고 줄을 맞춰 씨앗을 심는다.

흩뿌리기
씨앗을 용기 전체에 흩뿌린다. 새싹채소를 재배할 때 주로 쓰는 방법.

발아를 위한 기본 준비

1. 흙 담기

흙은 배양토를 사용하고, 용기의 $\frac{3}{4}$ 정도만 담는다.

자갈은 꼭 필요할까?

반드시 필요한 것은 아니지만, 물 빠짐이 나쁜 채소를 키울 때는 넣으면 좋다.

2. 흙 고르기

표면이 평평해지도록 숟가락이나 목장갑을 끼고 정리한다.

3. 흙 적시기

흙의 표면이 촉촉해질 정도로 분무기로 물을 뿌린다.

4. 씨앗 심기

줄 맞춰 심기   흩뿌리기

씨앗을 흩뿌리거나 줄을 맞춰서 심는다.

5. 흙 덮기

씨앗을 다 심었으면, 그 위에 흙을 살짝 덮는다.

6. 알루미늄 호일 덮기

용기 위에 알루미늄 호일을 씌워 습도를 유지하면 발아 속도가 빨라진다. 빛을 쬐어야 하는 씨앗을 심었다면 투명한 랩을 덮어둔다.

싹이 날 때까지 조금만 참자!

물 주는 방법

분무기나 주전자로 물 주기

물이 뿌리에 닿지 않도록 분무기나 주둥이가 좁은 주전자를 이용한다.

거름 주는 방법

 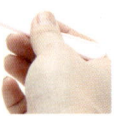 

고체 비료

뿌리 부근 흙에 고체 비료를 준다. 숟가락 위에 얹어서 뿌리면 편하다.

액체 비료

실내에서 작은 화분에 채소를 재배할 경우, 농도가 진한 액체 비료를 주면 잎이 되레 약해질 수 있다. 평균적인 희석배율보다 더 옅게 물에 탄다.

솎기

발아 후

싹들이 밀집해 있는 부분을 솎아낸다. 핀셋을 사용하면 다른 싹에 상처를 주지 않아서 좋다.

본잎이 나온 후

본잎이 나오면 발아 후와 마찬가지로 잎이 밀집한 부분이나 쓰러진 잎을 뽑는다.

수확

가장자리 잎부터 수확하기

수확할 때는 바깥쪽 잎부터 자르기 시작하는데, 줄기 아래 부분은 남겨둔다. 밑동을 몇 cm 남기면 다시 잎이 자라서 여러 번 수확할 수 있다.

재수확

복토

잎을 모두 수확한 줄기 밑동이 흔들리거나 기울어질 때는 흙을 더 넣어서(복토) 표면을 평평하게 고른다.

거름 주기

수확을 한 후 다시 거름을 준다. 분무기에 액체 비료를 담아 뿌리 부근에 뿌린다.

이럴 때 어떡하지?

Q 발아가 잘 안 될 때는?

A. 발아 포트 활용하기

싹이 잘 나도록 도와주는 발아 포트에 씨앗을 심는다. 싹이 날 때까지 기다렸다가 발아 후에 흙에 옮겨 심으면 쉽게 잘 자란다.

A. 발아 스프레이 뿌리기

시중에 파는 발아 촉진 스프레이를 뿌려주자. 발아 후에 싹이 금세 시들어버리는 경우가 있기 때문에 발아 후에도 스프레이를 계속 뿌려준다.

Q 벌레가 생겼을 때는?

A. 분무기로 물 뿌리기

해충이 있는 부분에 분무기로 물을 뿌린 다음 휴지로 닦아낸다.

신선한 샐러드로 딱!

plant no 10 | 베이비 루꼴라

루꼴라는 참깨처럼 고소한 풍미와 톡 쏘는 맛이 매력인 잎채소예요. 고기 요리에 곁들이거나 샐러드로 만들어 먹으면 일품이지요. 다만 뜨거운 햇살에 너무 많이 노출되면 쓴 맛이 강해지니 생으로 먹으려면 한여름에는 반그늘에서 키우세요. 더운 여름을 제외하면 어디서든 쑥쑥 잘 자라요.

● 준비물
· 베이비 루꼴라 씨앗
· 우유 팩(또는 플라스틱 용기, 컵)

● 수확까지 걸리는 시간 … 약 30일~
씨앗을 뿌린 지 일주일 정도 지나면 발아가 시작된다. 본잎이 나오면 2주에 한 번 정도 웃거름을 준다.

● 재배 장소
15~25℃ 정도의 실내에서 키운다. 수확 직전에는 창가처럼 통풍이 잘 되는 장소로 옮긴다.

1 씨 뿌리기

플라스틱 용기나 우유 팩에 흙을 담고 씨앗이 겹치지 않도록 흩뿌려준다. 씨앗을 뿌리기 전에 미리 흙에 물을 뿌려 적셔놓자. 물을 주다가 씨앗이 씻겨나갈 걱정이 없고 발아에도 도움이 된다.

Point 나눠 뿌리기
씨앗을 뿌린 지 일주일 정도 지난 후 다시 한 번 씨앗을 뿌리면 여러 차례 수확할 수 있다.

2 빛 차단하기

씨앗을 뿌린 용기는 발아가 될 때까지 그늘에 둔다. 신문지 등을 덮어 빛을 차단하면 좋다. 흙이 건조해졌을 때만 표면이 살짝 촉촉해질 정도로 물을 준다.

Point 발아가 되었다면?
발아가 된 후에는 싹이 겹쳐 자란 부분을 찾아 얼른 솎는다.

Part.3 씨앗과 흙으로 키우기

3 웃거름 주기

발아 후에는 빛이 잘 드는 곳으로 옮기고, 2주에 한 번 정도 액체 비료를 준다. 액체 비료는 물에 엷게 희석하여 뿌리 부근에 뿌려준다. 잎에 끼얹지 않도록 조심한다.

Point
솎기
싹들이 너무 겹쳐 자랐을 때는 가위로 몇 가닥 자르거나 핀셋으로 뽑는다.

4 복토

싹을 솎아내면 뿌리 쪽이 단단하지 않고 흔들거릴 수 있다. 이 때는 숟가락을 이용하여 뿌리 부근에 흙을 더 얹고 목장갑 낀 손으로 꾹꾹 눌러 고정시킨다.

5 본잎 관리하기

발아 후 2주 정도 지나면 본잎이 자라기 시작한다. 본잎은 건드리지 말고, 쓰러진 잎이나 겹쳐 자란 잎을 솎는다.

6 수확

본잎이 5~6장 정도 나왔다면 수확하라는 신호다. 바깥쪽 잎부터 뜯어서 수확하고, 가운데 밑동을 남겨두면 또다시 잎이 자라서 여러 번 수확할 수 있다.

자연 그대로의 싱싱한 식감

plant no 11 샐러드 시금치

샐러드는 물론이고 스프나 주스에도 잘 어울리는 샐러드 시금치는 대표적인 어린잎 채소예요. 수확하기까지 얼마 걸리지 않아서 가드닝 초보자에게 아주 적합하죠. 컵이나 플라스틱 용기에서 손쉽게 키울 수 있어요.

● 준비물
· 샐러드 시금치 씨앗
· 컵(또는 깊은 유리컵)

● 수확까지 걸리는 시간 … 약 30일~
본잎이 나왔다면 일주일에 한 번 정도 거름을 준다. 수확할 때 밑동을 남기면 약 30~45일 후에 다시 수확할 수 있다.

● 재배 장소
창가처럼 통풍이 잘 되고 볕이 잘 드는 장소를 택한다.

1 씨 뿌리기

컵에 흙을 담고 씨앗이 겹치지 않도록 흩뿌려준다. 시금치는 뿌리가 길게 자라기 때문에 깊이가 14cm 이상 되는 컵에서 키운다.

2 빛 차단하기

씨앗을 뿌린 컵은 발아가 될 때까지 그늘에 둔다. 신문지 등을 덮어도 좋다. 실내 온도를 20℃ 정도로 유지하면 일주일 안팎으로 발아가 시작된다.

\ Point /
씨앗 불리기
씨앗을 물에 2~3일 담갔다가 뿌리면 싹이 더 금방 자란다.

\ Point /
발아가 되었다면?
발아 후 7일 정도 지나면 싹을 한 번 솎아낸다. 싹들이 겹쳐서 자란 부분을 찾아 공간을 확보한다.

Part.3 씨앗과 흙으로 키우기

3 본잎 관리하기

본잎이 나오면 2주에 한 번 정도 웃거름을 준다. 액체 비료를 물에 희석하여 뿌리 부근에 뿌리는데, 이때 잎에 비료가 닿지 않도록 조심한다.

4 솎기

본잎이 자라기 시작하면 잎을 자주 솎아야 한다. 씨앗을 뿌린 지 12~18일 되어 본잎이 2~3장 나왔을 때 솎음질을 시작한다.

5 수확

본잎이 5~6장 정도 되면 수확해도 된다. 키가 3~4cm일 때 수확하면 좋다. 가장자리 잎부터 뜯고 가운데 잎을 남겨두면 또 다시 잎이 자란다.

Point
복토
한 번 수확한 후에 흙을 더 넣어 복토하면 재수확이 수월해진다.

샐러드 시금치는 투명하고 깊은 컵에

뿌리가 쑥쑥 자라는 샐러드 시금치는 어느 정도 깊이가 있는 컵에 키워야 한다. 물 빠짐이 좋고 수확까지 걸리는 시간이 짧아서 자갈은 넣지 않아도 된다. 이왕이면 뿌리가 자라는 모습을 눈으로 확인할 수 있도록 투명한 컵에 키우자.

독특한 향과 쌉싸름한 맛

plant no 12 샐러드 쑥갓

잎 모양이 독특한 샐러드 쑥갓.
키우는 동안 잎이 점점 뾰족해지기 때문에
그 모습을 감상하는 것도 재미있어요.
쑥갓 특유의 쌉싸름한 맛으로 음식에 포인트를 주세요.

● 준비물
· 샐러드 쑥갓 씨앗
· 컵(또는 깊은 플라스틱 용기)

● 수확까지 걸리는 시간 … 약 30일~

발아한 지 일주일 후에 싹을 솎고, 또 다시 일주일이 지나면 흙을 추가해 복토한다. 일주일 단위로 상태를 점검하는 것이 재배 요령!

● 재배 장소

20~25℃ 정도의 실내에서 키운다. 수확 직전에는 창가처럼 통풍이 잘되는 장소로 옮긴다. 여름에는 직사광선을 피할 것.

1 씨앗 불리기

씨앗을 뿌리기 전에 발아가 더욱 잘 되도록 씨앗을 물에 담가 둔다. 2~3일 정도 건드리지 말고 빛이 들지 않는 장소에 보관한다.

2 씨 뿌리기

물에 담가둔 씨앗을 숟가락으로 떠서 흙을 담은 컵에 뿌린다. 이때 겹치지 않도록 고루 흩뿌리는 것이 중요하다. 일주일 정도면 발아가 시작되는데, 싹이 나기 전까지 그늘에 두는 편이 좋다.

\ Point /

계란 판 활용하기
발아할 때까지 계란 판에 흙을 담고 씨앗을 키워도 된다. 싹이 어느 정도 자라면 좀 더 큰 용기로 옮긴다.

Part.3 씨앗과 흙으로 키우기

3 발아

싹이 나면 빛이 잘 드는 장소로 옮긴다. 발아 후 일주일 정도 지났을 때 싹을 솎는다.

Point 물 주기
갓 발아한 싹에 물을 줄 때 물줄기를 세게 하면 싹이 다칠 수 있다. 용기에 거즈나 헝겊을 덮고 그 위에 물을 주는 방법도 있다.

4 본잎 관리하기

싹을 솎은 후 흙을 추가하여 복토까지 끝냈다면, 10일 안팎으로 본잎이 나기 시작한다. 떡잎 가운데에서 쑥갓 특유의 쌉싸름한 본잎이 머리를 내민다.

Point 솎기
씨앗을 뿌린 후 12~18일 무렵에는 싹을 자주 솎아낸다. 발아 상태가 나쁘면 과감히 잘라낸다.

5 웃거름 주기

본잎이 나고 10~14일 후에는 웃거름을 준다. 비료가 잎에 닿지 않도록 찻주전자나 주둥이가 가느다란 물뿌리개를 이용하여 뿌리 부근에 준다. 액체 비료를 줘도 되고, 고체 비료를 줘도 된다.

6 수확

키가 10cm 정도로 자랐다면 수확할 때다. 바깥쪽 잎부터 손으로 뜯거나 가위로 잘라 수확한다.

아삭하고 신선한 식감

plant no 13 아삭채

아삭아삭한 식감이 입 안 가득 싱그러운 아삭채.
흙과 물만 있으면 키울 수 있어서 한여름을 제외하면
집에서도 쉽게 키울 수 있답니다.
단, 수분이 마르지 않도록 신경 써주세요.

● 준비물
· 아삭채 씨앗
· 폭이 넓은 플라스틱 용기

● 수확까지 걸리는 시간 … 약 30일~
15~25℃의 적정 실내온도를 유지하면 씨앗을 뿌린 지
2~3주 후에 수확할 수 있다. 10cm 정도로 자란 어린잎을
수확하면 된다.

● 재배 장소
창가처럼 통풍이 잘 되고, 볕이 잘 드는 장소에서 키운다.
여름에는 직사광선을 피해야 한다.

1 씨 뿌리기

용기에 흙을 담은 후, 씨앗이 겹치지 않도록 주의하면서 한 줄
로 나란히 심거나 흩뿌린다. 씨앗을 뿌리기 전에 흙을 충분히
적시면 물을 줄 때 씨앗 손실을 막고 발아에도 도움이 된다.

\ Point /
물 주기
물로 흙을 충분히 적신 후에 씨앗
을 뿌리면 물을 주다가 씨앗이 쓸
려나가는 일을 막을 수 있다.

2 발아

싹이 나기까지 2~3일은 그늘에 둔다. 용기 위에 신문지 등을
덮어도 된다. 발아 후에는 볕이 잘 드는 장소로 옮기고 분무기
로 물을 충분히 뿌린다.

Part.3 씨앗과 흙으로 키우기

3 솎기

솎기 완료!

발아 후 싹들이 너무 밀집해 자랐다면 여러 번 솎아야 한다. 핀셋으로 기울게 자란 잎들을 뽑는다.

4 본잎 관리하기

본잎이 나기 시작하면 뿌리 부근이 흔들리기 때문에 숟가락으로 흙을 더 넣어 복토를 한다. 액체 비료는 희석 배율보다 더 묽게 타서 2주에 한 번 정도 준다.

\ Point /

분갈이

잎이 꽤 자랐다면 좀 더 커다란 용기에 분갈이 하면 잎이 훨씬 건강하게 자란다.

5 수확

본잎이 5~6장 정도일 때 수확을 시작한다. 바깥쪽 잎부터 가위로 잘라 수확한다. 가운데 잎을 남겨두면 다시 잎이 자라서 여러 번 수확할 수 있다.

꽃이 피면 얼른 수확하자

꽃봉오리가 생기면 줄기와 잎이 질겨지기 시작하므로 꽃이 피기 전에 서둘러 수확해 먹어야 한다. 꽃은 잘라서 컵에 꽂아두면 식탁이 한결 환해진다. 식용 꽃이기 때문에 맑은 장국이나 떡국 등에 넣어도 된다.

영양도 풍부하고 키우기도 쉬워 매력만점

plant no 14 베이비 소송채

소송채는 비타민과 미네랄이 풍부한 녹황색 채소예요. 열과 추위에 강하기 때문에 거의 1년 내내 키울 수 있어요. 씨앗을 심고 약 35일 정도면 수확하기 때문에 실내 가드닝에 적합한 채소랍니다.

● 준비물
· 베이비 소송채 씨앗
· 우유 팩(또는 플라스틱 용기, 컵)

● 수확까지 걸리는 시간 … 3주~
발아에 적합한 온도는 15~20℃. 기온이 너무 높으면 발아율이 낮아지므로 아주 더운 한여름은 피한다. 솎을 때 뽑은 싹은 버리지 말고 요리에 사용하자. 씨앗을 뿌린 후 발아할 때까지는 부지런히 물을 줘야 한다.

● 재배 장소
볕이 잘 드는 곳을 좋아하지만 반그늘에서도 잘 자란다. 여름에는 직사광선을 피하고 한여름에는 커튼 친 창가처럼 밝은 실내에서 키운다.

1 씨 뿌리기

용기에 흙을 담고 물로 충분히 적신 후 씨앗을 흩뿌린다. 씨앗의 양은 용기 크기에 따라 조절한다. 용기의 폭이 넓을 때는 줄을 맞춰 심어도 된다. 싹이 나려면 빛이 투과해야 하기 때문에 흙은 5mm 정도로 얇게 덮는다.

\Point/
용기 크기와 씨앗의 양
폭이 10cm인 용기에 씨앗을 뿌릴 때는 한 숟가락 정도면 충분하다. 너무 촘촘하게 심지 않도록 조심하자.

2 빛 차단하기

발아가 될 때까지는 물을 충분히 줘야 한다. 용기 위에 신문지를 덮어 흙이 금방 건조해지지 않도록 한다.

\Point/
물 주기
자칫 씨앗이 물에 쓸려나갈 수 있으니 주둥이가 가느다란 찻주전자나 물뿌리개를 사용하여 조심스럽게 물을 주자.

3 발아

싹이 날 때까지 흙이 마르지 않도록 주의하고, 발아가 시작되었다면 일주일 후에 싹을 솎는다. 줄기가 흔들리지 않도록 뿌리 부근에 흙을 더 넣어 손끝으로 가볍게 눌러 덮는다.

 복토
싹이 자랄수록 밑동이 흙 위로 올라오려 하기 때문에 흙을 더 덮어서 고정시켜야 한다. 이때 줄기 시작 부분의 성장점이 흙에 묻히지 않도록 조심한다. 복토 후에는 물을 충분히 준다.

4 솎기

본잎이 나기 시작했다면 2주째에 잎을 솎는다. 잎이 무더기로 겹쳐 자라지 않도록 핀셋이나 가위로 발육이 나쁘고 비실비실한 잎을 솎아낸다.

5 웃거름 주기

잎의 색깔이 옅어졌을 때는 웃거름을 준다. 뿌리 부근에서 조금 떨어진 곳에 고체 비료 10g 정도를 뿌린다. 비료 성분이 강한 탓에 너무 가깝게 주면 오히려 뿌리가 상할 수 있다.

6 수확

키가 10cm 정도로 훌쩍 자랐다면 가위로 잘라서 수확한다. 잎이 너무 크게 자라면 식감이 질겨지니 주의한다. 여리고 보드라운 어린잎일 때 수확해야 훨씬 오랫동안 재배할 수 있다.

재수확
밑동을 남기고 잎만 잘라 먹으면 30~45일 후에 재수확이 가능하다.

 톡 쏘는 매운 맛이 요리에 잘 어울려요

plant no 15 | 적겨자

적겨자는 씨겨자 드레싱의 재료로 쓰이는 겨자 종류 중 하나입니다.
솎아낸 잎도 톡 쏘는 매운 맛이 있기 때문에 요리에 포인트로 활용할 수 있어요.
본잎이 5~6장 나오면 잎이 붉게 변하는데, 매운 맛이 짙어지면서 가장 맛있는 시기랍니다.

● **준비물**
· 적겨자 씨앗
· 우유 팩(또는 플라스틱 용기, 화분)

● **수확까지 걸리는 시간 …** 약 30일~
3~11월이 씨앗을 뿌리기 가장 적합하다. 다만, 15~25℃ 정도로 실내 온도를 유지할 수 있다면 언제든 재배할 수 있다.

● **재배 장소**
창가처럼 통풍이 잘 되고, 볕이 잘 드는 장소에서 키운다.

1 씨 뿌리기

용기에 흙을 담고, 씨앗이 뭉치지 않도록 흩뿌려준다. 씨앗을 뿌리기 전에 물로 흙을 충분히 적시면 물을 주다가 씨앗이 쓸려나갈 걱정이 없고, 발아에도 도움이 된다.

\Point/
발아
싹이 나기 전까지는 그늘에 두도록 한다. 신문지를 덮어두는 것도 좋은 방법이다.

2 햇빛 쪼이기

싹이 난 후에는 볕이 잘 드는 장소로 옮겨 놓는다. 직사광선에 너무 많이 노출되면 싹이 시들어버리기 때문에 햇빛이 강한 한여름에는 하루에 3시간 단위로 상태를 살펴야 한다.

\Point/
물 주기
작은 용기에 채소를 키우기 때문에 물을 줄 때 요령이 필요하다. 물을 너무 많이 주면 뿌리가 썩을 수 있으니 주의한다.

Part.3 씨앗과 흙으로 키우기

3 본잎 관리하기

본잎이 나기 시작하면 거름을 주고, 잎을 솎아낸다. 액체 비료를 물에 희석하여 주둥이가 가느다란 찻주전자 등으로 뿌리면, 물 주기를 겸할 수 있어서 시간이 단축된다. 이때 비료가 잎에 닿지 않도록 주의한다.

4 솎기

잎이 쓰러졌거나 촘촘하게 자란 부분을 찾아서 공간 확보가 될 때까지 솎아낸다. 밑동이 흔들거리면 숟가락으로 흙을 더 넣어 눌러준다.

\ Point /

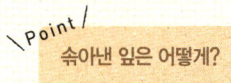

솎아낸 잎은 어떻게?
솎아낸 잎들을 아깝게 버리지 말고, 스프나 샐러드에 넣어 먹자. 얼마든지 훌륭한 식재료가 된다.

5 수확

잎이 붉어지고 키가 10cm 정도로 자라면 수확을 시작한다. 가운데 줄기를 남겨두면 30~45일 후에 다시 수확할 수 있다.

커피 잔에 키우면 인테리어 소품으로 변신!

커피 잔처럼 작은 용기에 심어서 창가에 얹어두면 인테리어 효과를 볼 수 있다. 깊이가 5cm 이상만 되면 충분히 키울 수 있다. 씨앗은 1작은술 분량이면 적당하다. 용기가 작으니 너무 많이 심지 않도록 조심하자.

독특한 식감과 담백한 맛

plant no 16 | 미니 청경채

미니 청경채는 비타민과 미네랄이 풍부한 녹황색 채소예요. 한겨울을 제외하면 1년 내내 재배할 수 있어서 실내 가드닝 초보자에게 추천하고 싶어요.
볕이 잘 드는 장소에서 키워보세요.

● **준비물**
· 미니 청경채 씨앗
· 컵(또는 플라스틱 용기)

● **수확까지 걸리는 시간** … 약 30일~

발아한 지 일주일이 지나면 처음으로 싹을 솎는다. 그 다음 일주일 후에는 흙을 더 넣어 복토를 한다.

● **재배 장소**

창가처럼 통풍이 잘 되고, 볕이 잘 드는 장소에서 키운다.

1 씨 뿌리기

그늘이 좋아!

용기에 흙을 담고 물로 충분히 적셔준 후 씨앗이 뭉치지 않도록 잘 흩뿌려준다. 씨앗을 뿌리는 양은 용기 크기에 따라 다르지만, 작은 컵이라면 한 숟가락 정도가 적당하다.

2 본잎 관리하기

솎아줘!

본잎이 나면 정성스레 잎을 솎고, 웃거름을 준다. 솎음질을 할 때는 핀셋을 이용하여 촘촘하게 자란 잎을 뽑아준다. 액체 비료는 뿌리 부근에 뿌린다. 웃거름을 줄 때는 액체 비료를 사용해야 효과가 금방 나타난다.

> **Point / 발아**
> 싹이 나기 전까지는 그늘에 두는 것이 좋다. 발아 후에는 분무기 등으로 조심스럽게 물을 뿌려주자.

> **Point / 수확**
> 본잎이 5~6장 정도 되었다면 수확하라는 신호다. 바깥쪽 잎부터 차례차례 수확한다. 가운데 잎을 남겨두면 또 다시 잎이 자라서 오랫동안 키울 수 있다.

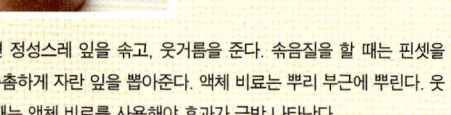

 요리에 포인트를 주는 향 채소

plant no 17 | 미니 셀러리

미니 셀러리는 향이 풍부한 중국 채소예요.
특유의 맛을 싫어하는 사람도 부담 없이 먹을 수 있어요.
샐러드로 먹어도 맛있고, 스프에 넣어도 잘 어울려요.
볕이 잘 드는 장소를 좋아하지만, 반그늘에서도
튼튼하게 잘 자라요.

● **준비물**
· 미니 셀러리 씨앗
· 큰 컵(또는 플라스틱 용기)

● **수확까지 걸리는 시간 … 약 60일~**
씨앗은 3~7월, 9~10월에 뿌린다. 씨앗을 뿌리고 60일 이후, 싹이 20~30cm 정도로 자라면 수확한다. 키가 20cm나 자라기 때문에 뿌리가 쭉쭉 뻗어나갈 수 있는 커다란 플라스틱 화분에 키우면 좋다.

● **재배 장소**
통풍이 잘 되는 창가의 반그늘, 혹은 볕이 잘 드는 장소에서 키운다.

1 씨 뿌리기

싹이 났다!

화분이나 깊이가 있는 플라스틱 용기에 흙을 담고, 씨앗을 흩뿌린다. 흙을 5mm 정도 살짝 덮어준 후 목장갑을 낀 손이나 숟가락으로 평평하게 눌러준다. 씨앗을 뿌린 지 10~14일 정도 지나면 발아가 시작된다.

\ Point /
흙은 항상 촉촉하게
싹이 날 때까지는 흙이 마르지 않도록 부지런히 물을 준다. 물을 줄 때는 흙의 표면이 촉촉할 정도면 된다. 분무기로 뿌리는 것이 가장 좋다.

2 수확

톡톡 끊어줘!

본잎이 날 때 잎들이 너무 촘촘히 자랐다면 과감히 솎아내야 한다. 일주일에 한 번 정도 액체 비료로 웃거름을 주고, 키가 20~30cm로 자랐을 때 수확한다.

\ Point /
재수확
성장 정도에 따라 커다란 용기에 옮겨 심으면 좋다. 분갈이를 하면 수확 후에도 잎이 금세 자라 재수확이 가능하다. 키가 큰 만큼 뿌리도 쭉쭉 자라기 때문에 큰 화분이 좋다.

잎이 연해서 샐러드나 샤브샤브에 안성맞춤!

plant no 18 샐러드볼 양상추

샐러드볼 양상추는 열과 추위에 강하고 재배하기도 쉬운 품종이에요. 비교적 단기간에 수확할 수 있고, 채광만 잘 된다면 집 안에서도 손쉽게 키울 수 있답니다. 너무 크면 질겨지기 때문에 잎이 어느 정도 자라면 얼른 수확하세요.

● 준비물
· 샐러드볼 양상추 씨앗
· 컵(또는 화분)

● 수확까지 걸리는 시간 … 약 35일~

싹이 나기 시작하면, 잎들이 서로 겹쳐 자라지 않도록 얼른 솎는다. 수분이 부족하면 발육 상태가 나빠지니 흙이 마르지 않게 부지런히 물을 주자.

● 재배 장소

통풍이 잘 되는 장소에서 키운다. 씨앗을 뿌리는 시기는 3~5월이나 9~10월이 가장 좋다. 그러나 실내 온도를 15~25℃로 유지하고, 볕이 잘 드는 장소가 확보된다면 1년 내내 키울 수 있다.

1 씨 뿌리기

싹이 났다!

화분이나 용기에 흙을 담고 씨앗을 흩뿌린 후, 흙을 5mm 정도 얇게 덮어준다. 싹이 나기 전까지는 흙이 항상 촉촉해야 하므로 물 주는 것을 잊지 말자. 그늘에 두면 발아가 더욱 잘 된다.

2 수확

분갈이 완료!

잎이 6~7cm 정도로 자랐다면 바깥쪽 큰 잎부터 수확한다. 밑동을 남겨두면 여러 번 수확할 수 있다. 20cm 이상 크게 자라기 때문에 깊이가 깊은 용기에 분갈이 하면 좋다.

> **Point**
> **솎기**
> 본잎이 나면서 잎들이 너무 촘촘하게 자란다면 적당히 솎아내야 한다. 누워 자란 잎들을 핀셋으로 뽑아준다.

름기 있는 고기와 찰떡궁합!

| plant no 19 | 상추

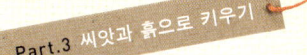

● 준비물
· 상추 씨앗
· 컵(또는 화분)

● 수확까지 걸리는 시간 … 약 30일~

씨앗을 뿌리는 시기는 3~11월이 가장 좋다. 다만, 실내 온도를 15~25℃로 유지하고 일조량만 확보할 수 있다면 계절에 상관없이 언제든 키울 수 있다.

● 재배 장소

창가처럼 통풍이 잘 되고, 볕이 잘 드는 장소를 택한다.

한국인에게 상추란 고기를 구워먹을 때 빠뜨릴 수 없는 채소지요. 일조량만 확보되면 잘 자랄 뿐더러 파릇한 이파리가 눈을 즐겁게 해요. 바깥쪽 잎부터 차례차례 수확하면 오랫동안 키울 수 있답니다.

1 발아

꿀꺽꿀꺽!

컵이나 화분에 흙을 담고, 씨앗을 흩뿌린다. 씨앗 위에 흙을 5mm 정도로 얇게 덮는다. 흙이 마르면 발아가 잘 안 되기 때문에 물을 자주 주는 것이 중요하다.

2 수확

분갈이 완료!

본잎이 5장 정도 되면 성장 속도가 빨라지기 때문에 일주일마다 거름을 준다. 이때 좀 더 커다란 용기로 분갈이 해줘도 좋다. 수확할 때 가운데 밑동을 남기면 30~45일 후에 다시 수확할 수 있다.

\ Point /
솎기

씨앗을 뿌린 후 10~14일 정도 지나면 발아가 시작된다. 싹이 난 지 일주일 후에는 겹쳐 자란 잎들을 솎는다.

작은 만큼 요리에도 간편하게 쓰여요

plant no 20 | 미니 무

미니 무는 4cm 정도의 작은 무예요.
잎도 어느 정도 자라기 때문에 맛있게 먹을 수 있죠.
씨앗을 뿌리고 싹이 나기까지 시간이 조금 걸리지만,
끈기 있게 기다려주세요. 흙이 건조해지지 않도록
부지런히 물을 주는 것도 잊지 마시고요.

● 준비물
· 미니 무 씨앗
· 플라스틱 용기(또는 화분)

● 수확까지 걸리는 시간 … 약 35일~

20℃ 안팎의 서늘한 기후를 좋아하기 때문에 봄가을에 씨앗을 뿌리면 좋다. 한여름은 되도록 피하자. 발아 후에는 성장 속도가 빨라지므로 일주일에 한 번 정도 웃거름을 준다.

● 재배 장소

창가처럼 통풍이 잘 되고, 볕이 잘 드는 장소에서 키운다. 여름에는 직사광선에 노출되지 않도록 주의한다.

1 씨앗 심기

물 주세요!

화분이나 플라스틱 용기에 흙을 담고, 구멍 하나에 씨앗을 2~3개 씩 심는다. 씨앗을 심고 7~10일 정도 지나면 발아가 시작된다. 흙의 표면이 마르면 흙이 촉촉해질 때까지 충분히 물을 준다.

2 본잎 관리하기

수확!

본잎이 2~3장 정도일 때 발육 상태가 안 좋은 잎을 솎아내서 구멍 하나에 건강한 잎 하나씩만 남도록 한다. 잎을 솎다 보면 줄기가 흔들릴 수 있으니 뿌리 부근에 흙을 더 올려 손가락으로 가볍게 눌러준다. 마지막에 충분히 물을 주는 것도 잊지 말자.

\ Point /

발아
발아 후에는 본잎이 날 때까지 싹을 솎아내지 말고 그대로 키운다.

 색깔별로 골라 먹는 재미!

plant no 21 래디시

● 준비물
· 래디시 씨앗
· 플라스틱 용기(또는 화분)

● 수확하기까지 걸리는 시간 … 약 30일~

래디시는 20℃ 안팎의 서늘한 기후를 좋아하므로 봄이나 가을에 씨앗을 뿌리자. 너무 더우면 무가 굵어지지 않으니 한여름 재배는 피하는 게 좋다.

● 재배 장소

창가처럼 통풍이 잘 되고, 볕이 잘 드는 장소에서 키운다. 여름에는 직사광선에 노출되지 않도록 주의한다.

래디시는 '20일 무'라고도 불려요.
20~40일이면 키울 수 있기 때문에 붙은 별명이죠.
빨간색, 하얀색, 노란색, 보라색 등 다양한 색깔의 종자가 있어서 골라 키우는 재미가 쏠쏠해요.
제때 솎음질과 복토를 해주는 것이 재배 포인트예요.

1 씨 뿌리기

싹이 나왔어!

플라스틱 용기에 흙을 담고 씨앗을 흩뿌린다. 7~10일 후에 발아가 시작되면 씨앗을 한 번 더 뿌린다. 이렇게 씨앗을 여러 번 나눠서 뿌리면 오랜 기간 수확할 수 있어서 좋다.

2 복토

수확!

솎음질을 한 후에는 흙을 더 넣어 복토를 한다. 줄기가 쓰러지거나 휘청거리지 않도록 뿌리 부근에 흙을 얹고 손가락으로 가볍게 눌러 준다. 그 다음에 흙이 촉촉해질 때까지 물을 준다. 뿌리가 굵어지면서 흙 위로 올라오기 시작하면 손으로 뽑아 수확한다.

\ Point /
솎기
발육 상태가 좋지 않은 싹을 솎아 내고, 건강한 싹만 남긴다.

요리 장식은 물론, 영양도 만점!

plant no 22 | 이탈리안 파슬리

풍미가 가득한 이탈리안 파슬리는 부엌에서만큼은 보물보다 귀한 허브예요. 장식으로 살짝 얹어주기만 해도 요리가 화사해지고, 곱게 다져서 스프에 넣으면 맛에 포인트가 생겨요.

● **준비물**
- 이탈리안 파슬리 씨앗
- 우유 팩(또는 컵, 플라스틱 용기)

● **수확까지 걸리는 시간** … 약 35일~

재배하기 적당한 온도는 10~22℃. 수확은 1년 내내 가능하지만, 씨앗은 봄(3~4월)이나 가을(9~10월)에 뿌리는 것이 가장 좋다.

● **재배 장소**

통풍이 잘 되고 밝은 창가에서 키운다. 덥고 건조한 환경에 약하므로 여름에 키울 때는 주의한다.

1 씨 뿌리기

깊이가 20cm 이상인 컵이나 화분에 흙을 담고, 씨앗을 흩뿌린다. 싹이 날 때까지 흙이 마르지 않도록 부지런히 물을 주자.

2 발아

씨앗을 뿌린 지 10일 정도 되면 발아가 시작된다.

\ Point /

첫 번째 솎기

발아 후 떡잎이 완전히 자라면 한 번 싹을 솎아준다. 발육 상태가 좋지 않은 잎을 솎아내고, 건강한 잎만 남겨두도록 한다.

Part.3 씨앗과 흙으로 키우기

3 본잎 관리하기

본잎이 나면 뿌리 부근이 흔들리기 쉬우니 흙을 추가하여 복토를 한다. 흙이 잎을 덮지 않도록 숟가락으로 줄기 아래쪽에 잘 넣고, 손으로 살짝 누른다.

4 솎기

씨앗을 뿌리고 약 21~31일 후에 두 번째 솎음질을 한다. 본잎으로 성장하지 못한 잎을 과감히 솎아낸다.

5 수확

씨앗을 뿌린 지 35~45일이 지나 본잎이 10장 이상 나면 수확할 수 있다. 필요한 만큼만 바깥쪽 잎부터 수확한다. 가장자리부터 차례차례 뜯으면 잎이 또 자라서 재수확이 가능하다.

Point
꽃이 피었다면?
꽃이 피면 파슬리의 풍미가 약해진다. 꽃은 가위로 잘라내고 수확을 서두를 것!

수확하기 좋은 시기는?

잎이 노랗게 변하기 시작했다면 시들고 있다는 신호이다. 수확이 늦어지면 맛도 변질되기 때문에 잎이 파릇파릇할 때 얼른 수확하자.

일반 파슬리도 같은 방법으로

일반 파슬리도 이탈리안 파슬리와 같은 방법으로 재배할 수 있다. 하지만 발아나 수확까지 시간이 꽤 걸리므로 모종을 사서 키우는 것을 추천한다.

Part 3　씨앗으로 키운 채소를 맛있게 즐기는 간단 레시피

어린잎과 감자를 곁들인 안초비 버터구이

재료(2인분)
- 방금 수확한 어린잎 … 30g (여기에서는 베이비 루꼴라 사용)
- 감자 … 2개
- 안초비 … 3조각
- 버터 … 20g

recipe
1. 감자는 껍질을 벗기고 먹기 좋은 크기로 자른다.
2. 기름을 두른 프라이팬에 잘게 다진 안초비와 버터를 넣고, 준비해 놓은 감자를 볶는다. 감자가 익으면 어린잎을 넣어 살짝 버무린 후 그릇에 담는다.

One point advice
감자 대신에 미니 무나 미니 당근 등을 사용해도 된다. 취향에 따라 바삭바삭하게 구운 베이컨을 넣어도 맛있다.

샐러드 쑥갓과 삼겹살 페페론치노

재료(2인분)
- 샐러드 쑥갓 … 60g
- 삼겹살 … 150g
- 마늘 … 1톨
- 파스타 면 … 160g
- 고추 … 1개
- 올리브오일 … 3큰술
- 올리브오일(마무리용) … 1큰술
- 화이트 와인 … 1큰술
- 소금, 후추 … 적당량

recipe
1. 샐러드 쑥갓과 돼지고기는 3cm 정도로 먹기 좋게 자른다. 고추는 씨앗을 제거하고 2mm 정도로 송송 썬다.
2. 올리브오일을 두른 프라이팬을 뜨겁게 달군 다음, 잘게 다진 마늘을 중불에서 볶는다. 고소한 마늘 향이 올라오면 썰어 놓은 고추를 넣고, 불을 약하게 한 후 화이트 와인을 뿌려 돼지고기를 볶는다.
3. 소금을 약간 넣어 파스타 면을 삶는다. 파스타의 심지가 살짝 단단하게 씹힐 때쯤 면을 건져서 2에 옮겨 담는다. 샐러드 쑥갓, 파스타 삶은 물 2큰술, 마무리용 올리브오일, 소금, 후추를 넣어 잘 섞는다.

One point advice
화이트 와인이 없으면 넣지 않아도 된다. 입맛에 따라 바삭하게 구운 베이컨이나 안초비를 넣어도 맛있다.

Let's Cook!

샐러드 시금치와 미니 셀러리 절임

재료(2인분)
- 샐러드 시금치 … 적당량
- 미니 셀러리 … 적당량
- 방울토마토 … 적당량

A …
- 올리브오일 … 1큰술
- 마요네즈 … 1큰술
- 안초비 절임 다진 것 … 1작은술
- 식초(또는 화이트 와인 비네거) … 1작은술
- 소금, 후추 … 약간

recipe
1. 샐러드 시금치와 미니 셀러리는 4~5cm 길이로 자른다.
2. 커다란 그릇에 A의 재료를 넣고 잘 섞은 후, 1에서 다듬어 놓은 시금치와 셀러리를 넣어 함께 버무린다. 작게 자른 방울토마토를 올려 장식한다.

> **One point advice**
> 미니 셀러리의 향을 살리기 위해 풍미가 부드러운 샐러드 시금치를 택했지만, 이 드레싱은 다른 어린잎 채소와도 잘 어울린다. 크래커를 곁들여 먹어도 맛있다.

아삭채 두부 참깨 무침

재료(2인분)
- 아삭채 … 40g
- 두부 … 반 모
- 참깨 간 것 … 1큰술
- 간장 … 1작은술
- 참기름 … 1작은술
- 소금 … 적당량

recipe
1. 두부는 소쿠리에 올려두어 물기를 뺀다.
2. 물기를 뺀 두부를 숟가락으로 으깬다.
3. 아삭채를 2cm 길이로 자른 후, 으깬 두부와 준비해 놓은 양념을 모두 넣고 무친다. 취향껏 유자청을 얹어 장식한다.

> **One point advice**
> 두부의 물기를 뺄 시간이 없을 때는 전자레인지에 넣고 2분 정도 돌린다. 또는 키친타월로 두부를 감싼 후, 무거운 도마를 20분 정도 얹어서 물기를 빼는 방법도 있다. 취향에 따라 시중에 파는 유자 후추나 고추냉이를 넣어도 독특한 맛을 즐길 수 있다.

래디시를 넣은 로즈마리 닭고기 찜

재료(2인분)
- 래디시 … 5개
- 닭고기 … 200g
- 로즈마리 … 1줄기
- 오레가노 … $\frac{1}{4}$작은술
- 양파 … $\frac{1}{2}$개
- 올리브오일 … 1큰술
- 버터 … 5g
- 간장 … 1큰술
- 소금, 후추 … 적당량

recipe
1. 양파는 1cm 굵기로 썰고, 닭고기도 먹기 좋은 크기로 다듬어 놓는다. 큰 그릇에 로즈마리, 오레가노 등의 허브와 각종 양념을 넣고, 준비해 놓은 닭고기, 양파, 래디시를 버무린다. 간이 밸 때까지 10분 정도 기다린다.
2. 1을 단열 용기에 옮겨 담고 랩을 씌운 후 전자레인지에 7분 정도 돌린다.

> **One point advice**
> 전자레인지만 있으면 쉽게 해먹을 수 있다. 래디시는 쉽게 무르지 않기 때문에 닭고기와 함께 푹 익혀야 맛있다. 래디시는 열을 가하면 예쁜 분홍색으로 변한다.

불고기에 어울리는 상추 샐러드

재료(2인분)
- 상추 … 5장(약 30g)
- 오이 … 1개
- 구운 김(도시락용) … 5장
- A
  - 다진 마늘 … $\frac{1}{2}$작은술
  - 간장 … 2작은술
  - 볶은 참깨 … 2작은술
  - 설탕 … $\frac{1}{2}$작은술
  - 맛술 … 2작은술
  - 참기름 … $1\frac{1}{2}$큰술

recipe
1. 오이는 껍질을 벗기고 얇게 슬라이스한다.
2. 먹기 좋은 크기로 잘라 놓은 김, 상추, 오이를 A의 양념과 잘 버무린다.

> **One point advice**
> 토마토를 넣으면 보기에도 화사하고 영양가도 높아진다. 상추가 아니라도 다른 어린잎 채소를 활용해도 된다.

Let's Cook!

블루치즈 소스를 뿌린 미니 무

재료(2인분)
- 미니 무 … 100g
- 블루치즈 … 3큰술
- 물 … 200ml
- 양파 … $\frac{1}{2}$개
- 콩소메 큐브 … 1개
- 소금 … $\frac{1}{2}$작은술

recipe
1. 미니 무를 냄비에 넣고 물, 콩소메, 소금, 채 썬 양파를 함께 넣어 부드러워질 때까지 푹 삶는다.
2. 냄비에서 미니 무를 꺼내고, 남은 국물과 건더기를 믹서로 갈아 다시 냄비에 붓는다. 국물이 다시 끓어오르면 블루치즈를 넣어 녹이면서 소스를 만든다. 접시에 미니 무를 담고, 완성된 소스를 끼얹는다.

> **One point advice**
> 미니 무는 생으로 먹어도 맛있지만, 가열하면 한층 단맛이 난다. 블루치즈가 짭짤하기 때문에 소스에는 되도록 소금을 넣지 말자. 재료를 삶은 국물에는 깊은 맛이 농축되어 있기 때문에 버리지 말고 먹자.

미니 청경채 스프

재료(2인분)
- 미니 청경채 … 3개
- 말린 새우 … 1큰술
- 물 … 200ml
- 닭 육수 가루 … 1작은술
- 다진 생강 … 1작은술
- 간장 … 1작은술
- 설탕 … 1작은술
- 녹말가루 … 2작은술
- 참기름 … 1큰술

recipe
1. 미니 청경채는 꼭지 부분만 살짝 잘라내고 준비한다.
2. 말린 새우와 미니 청경채를 냄비에 넣고 설탕, 간장, 닭 육수 가루, 생강, 물과 함께 끓인다. 마지막에 고소한 향을 내기 위해 참기름을 두르고, 녹말가루를 풀어 걸쭉하게 만든다.

> **One point advice**
> 미니 청경채는 자르지 말고 통째로 요리하여 자연 그대로의 느낌을 만끽하자. 또한 미니 청경채의 카로틴 성분은 지용성이어서 기름을 넣고 조리해야 비타민 흡수율이 높일 수 있다. 청경채를 익힐 때 기름을 조금 넣으면 색이 더욱 선명해진다.

페트병이 멋진 화분으로 변신!

굴러다니는 페트병을 마스킹 테이프나 리본으로 장식하면, 세상 어디에도 없는 나만의 화분이 완성됩니다. 어렵지 않으니 도전해 보세요!

준비물
- 페트병
- 가위, 칼
- 마스킹 테이프

1

페트병을 옆으로 눕히고, 가위나 칼로 윗면을 네모나게 잘라낸다. 잘라낸 부분은 나중에 씨앗을 심은 후 뚜껑으로 활용한다.
※페트병을 세워서 쓰고 싶다면, 모종 길이에 맞춰 위쪽을 잘라낸다.

2

마음에 드는 마스킹 테이프를 잘라서 입구 부분에 둘러 꾸며준다. 디자인 감각을 발휘하여 몸통 부분도 마음껏 장식해 보자.

3

나만의 화분이 완성되었다면 이제 흙을 담을 차례이다. 흙은 페트병의 8할만 담는다. 씨앗을 심기 전에 미리 흙에 물을 뿌리고 평평하게 다진다.

pet bottle arrange

채소 종류에 따라 자유자재로 변신!

시원하게 음료를 마신 뒤에 페트병을 버리지 말고 모아두자. 집에서 굴러다니는 페트병으로 세상에서 하나밖에 없는 나만의 화분을 만들 수 있다. 대파나 차조기처럼 위로 길게 자라는 채소는 페트병을 세워서 만들고, 토마토나 바질처럼 흙의 면적이 넓어야 하는 채소는 페트병을 눕혀서 만든다. 어떤 채소를 키우든 맞춤형 화분을 만들 수 있다는 점이 페트병 화분의 매력이다.

4

씨앗을 줄맞춰 심을 때는, 물을 뿌려 촉촉해진 흙을 손가락이나 나무젓가락으로 깊이 1cm 정도의 골을 판다.

5

손가락 끝으로 씨앗을 집고, 파놓은 골에 한 톨씩 비벼가며 심는다. 씨앗이 서로 뭉치지 않도록 주의한다.

6

씨앗을 모두 심은 후에는 골의 양쪽 흙을 끌어모아서 덮어준다. 손가락으로 흙을 눌러가며 평평하게 다져주면 나만의 실내 가드닝 준비 완료!

가드닝 채소, 다양하게 즐기기!

내 손으로 키워서 더 맛있는 가드닝 채소. 하지만 단지 먹기 위해서 키우면 아깝지 않나요? 파릇파릇한 채소를 인테리어 소품으로 활용하면 입도 즐겁고, 눈도 즐거우니 그야말로 일석이조!

파릇파릇한 우리 집 식탁

투명한 화분에 심어 놓은 새싹채소를 테이블 위에 얹어 보자. 파릇파릇한 색감이 기분까지 상쾌해진다. 천원숍에서 발견한 애프터눈 티 선반에 화분을 얹고, 작고 귀여운 소품들로 장식해 보았다.

샤워 후 코끝을 스치는 민트향

볕이 잘 드는 욕실이라면 민트 화분을 살며시 놓아보면 어떨까? 욕실 안에 상쾌한 민트향이 감돈다.

Hearb arrange

가드닝 허브의 화려한 변신

허브는 그 자체만으로도 쓸모가 많지만, 조금만 아이디어를 내면 더욱 다양하게 요리 재료로 쓸 수 있다.

허브티

뜨거운 물을 넣은 찻주전자에 신선한 허브를 띄운 후, 뚜껑을 덮고 3~5분 우린다. 물 한 컵 분량에 말린 허브를 찻숟가락으로 수북하게 떠서 한 번 넣으면 딱 1인분의 허브티를 우릴 수 있다. 방금 딴 잎은 마른 잎의 3배 정도 분량을 넣어야 한다.

말린 허브

허브 줄기 5~10개 정도를 고무줄이나 끈으로 묶은 후, 통풍이 잘 되는 창가 쪽에 바구니를 걸고 그 안에 담아둔다. 이때 커튼을 쳐서 직사광선에 노출되지 않도록 한다. 창가에 매달려 있는 모습이 귀엽기 때문에 인테리어 소품으로도 좋다.

실내 가드닝 통신 ②

부엌에 어울리는 통조림 화분
부엌 한 구석에 요리에 자주 쓰는 허브 화분을 놓아두자. 디자인이 예쁜 통조림 캔을 골라서 허브를 심은 뒤 조리대 위에 나란히 놓는다. 소쿠리로 받쳐놓으면 조리대가 비좁을 때 쉽게 옮길 수 있어서 편리하다.

바닥에 둬야 한다는 편견은 버리자!
수확한 허브를 장식할 때는 천원숍에서 구입한 모빌 바구니를 활용해 보자. 바구니를 창가에 매달고 허브를 담아두면 보기에도 좋고 실용적이다.

이름표도 깜찍하게
무엇을 심었는지 알 수 있도록 색분필로 이름을 적은 후 귀엽게 연출해 보자. 화분에 꽂아두기만 해도 인테리어 점수가 마구 올라간다.

허브 솔트
허브 솔트는 샐러드, 카르파초, 파스타 등에 잘 어울리는 만능 조미료이다. 말린 허브를 핸드밀이나 믹서에 갈아 가루로 만든 후 돌소금과 섞는다. 취향에 따라 배합 비율을 조절할 수 있지만 말린 허브 1작은술에 돌소금 4큰술 정도가 적당하다.

허브 오일
홍고추, 로즈마리, 오레가노, 타임 등을 올리브 오일에 담가두면, 나만의 홈메이드 허브 오일이 탄생한다. 마늘이나 생강을 얇게 저며서 함께 넣어도 된다. 한 달 정도 보관할 수 있다.

허브 아이스
얼음 틀에 허브를 넣고 물을 부어 냉동실에 얼린다. 더운 여름에 아이스티나 칵테일에 넣어 먹으면 멋스럽다. 허브 외에 식용 꽃을 넣어 얼음을 만들어도 예쁘다.

Part 4

오랫동안 수확할 수 있는
모종으로 키우기

모종을 화분에 옮겨 심으면 오랫동안 수확할 수 있어 좋아.

산뜻한 색감이 먹음직스러운 토마토와 딸기를 비롯해

요리에 맛과 향을 더하는 각종 허브 등

실내 가드닝의 세계가 한층 넓어집니다.

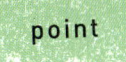

재배 포인트

키우기 쉬운 모종 고르기

- 뿌리가 단단히 박혀 있어서 흔들리지 않는 것
- 잎이 크고 두꺼우며 색이 짙은 것
- 흙 표면이 부드러운 것
- 줄기가 굵고 다부진 것

모종 재배에 적합한 용기

모종으로 키우는 채소는 비교적 뿌리가 길게 자라는 것이 특징이다. 그래서 어느 정도 깊이가 있는 용기에 옮겨 심어야 건강하고 튼튼하게 자란다.

모종 심는 방법

1. 사전 준비

용기, 자갈, 배양토, 비료를 준비한다. 물 빠짐이 잘 되도록 용기 바닥에 자갈을 깔고 흙을 채운 후 밑거름을 주고 평평하게 다진다.

2. 모종 분리하기

검지와 중지 사이에 밑동을 끼워 받친 다음, 모종을 거꾸로 뒤집어 다른 손으로 바닥을 눌러 뺀다. 모종의 뿌리가 빽빽하게 감겨 있을 때는 조심스럽게 풀어준다.

3. 모종 넣기

잘 다져놓은 흙 위에 포트에서 꺼낸 모종을 조심히 얹는다.

4. 흙 채우기

줄기 아래쪽의 잎이 나기 시작하는 부분(생장점)이 파묻히지 않도록 주의하면서 얕게 심는다. 생장점이 땅속에 묻히면 뿌리가 썩거나 성장이 멈출 수 있다.

POINT

이곳이 묻히지 않게 조심조심!

5. 흙 고르기

줄기가 휘청대지 않도록 흙을 잘 다져준다. 뿌리 부근의 흙을 손으로 꾹꾹 눌러서 모종과 배양토가 완전히 밀착되었다면, 모종 심기 끝!

직접 키워 먹어서 더 특별한 맛

plant no 23 | 방울토마토

토마토는 밭에서 키워야 한다는 이미지가 강하죠?
하지만 볕이 잘 드는 장소만 확보하면,
집 안에서도 얼마든지 키울 수 있어요.
일단 튼튼한 모종을 고르는 것이 가장 중요해요.
물을 약간 부족한 듯 줘야 열매가 더 달게 자라는데,
너무 부족하면 시들 수도 있으니 조심하세요.

● 수확까지 걸리는 시간 … 꽃이 핀 후 45~60일

적당한 실내 온도는 25~28℃. 토마토가 완전히 익을 때까지는 채광에 신경을 쓰고, 붉은 빛이 감돌기 시작하면 가위나 손으로 따서 수확한다.

● 재배 장소

창가처럼 통풍이 잘 되고, 볕이 잘 드는 장소에서 키운다. 봄부터 초여름 사이에 재배하는 것이 가장 좋다.

\ Point /

깊이가 있는 용기 선택

방울토마토는 뿌리가 길게 자라기 때문에 화분으로 쓸 용기의 깊이가 15cm 이상은 되어야 한다. 비교적 오랫동안 키워야 하므로 물 빠짐이 잘 되도록 용기 바닥에 자갈을 깔자.

\ Point /

모종 심기

삽으로 구멍을 판 후, 뿌리가 상하지 않도록 모종을 옮기고 그 위에 흙을 덮는다. 이때 모종의 성장점(줄기 밑 부분)이 파묻히지 않게 조심해야 한다. 모종을 다 심었으면 물을 충분히 뿌린다.

짝꿍 식물을 키워보자

파슬리와 토마토는 같이 먹을 때 더욱 영양 가치가 높아진다. 이 두 가지 채소를 같은 화분에 키워보자. 서로 생장을 도울 뿐만 아니라 토마토 맛이 더욱 좋아진다.

이런 채소도 키울 수 있다!

귀여운 모양 덕에 인테리어용으로 인기가 많은 방울양배추도 모종만 구할 수 있다면 얼마든지 키울 수 있다. 얼핏 관상용 식물처럼 보이지만, 작은 열매를 따서 먹을 수 있다.

\Point /

곁순 제거하기

꽃이 필 때쯤 가운데 줄기와 잎 사이에서 곁순이 자라기 시작한다. 곁순을 따지 않고 놔두면 가지가 무성해져서 영양분이 분산되니 부지런히 제거해야 한다.

\Point /

인공 수분

집 안에서는 자연적으로 수분이 이루어지지 않는다. 꽃이 피었다면 직접 인공 수분을 해주자. 손가락으로 꽃봉오리를 톡톡 흔들면, 수술의 꽃가루가 암술에 묻는다. 면봉이나 도구를 사용해도 된다.

\Point /

수확

꽃이 피고 50~60일 정도 지나면 열매를 수확할 수 있다. 방울토마토가 완전히 익을 때까지는 빛을 실컷 쬐도록 채광에 신경을 쓰고, 빨갛게 익은 것부터 하나씩 수확한다. 수확할 때는 열매가 상하지 않도록 꼭지 윗부분을 가위로 자른다.

그냥 먹어도, 디저트에 넣어도 꿀맛

plant no 24 딸기

잘만 키우면 귀여운 인테리어 소품이 되는 딸기 화분. 새하얀 딸기 꽃도 정말 예뻐요. 딸기 6~7개에 성인 한 명이 하루에 섭취해야 할 비타민C가 모두 들어 있으니 미용에도 그만이죠. 야생 딸기인 와일드베리 외에 국내 개발 품종인 '관하'도 최근 선을 보였어요.

● 수확까지 걸리는 시간 … 30일~
꽃이 핀 모종을 구입하면 대개 한 달 후부터 수확할 수 있다.

● 재배 장소
집 안에서는 일조량이 부족할 수 있으니 볕이 잘 드는 공간을 확보하여 이동시킨다. 바람이 너무 센 장소는 피하도록 하자.

\ Point /

모종 심기

크라운이라고 부르는 부분에 식물의 성장점이 있다. 모종을 옮겨 심을 때 성장점이 흙에 파묻히지 않도록 주의하면서 얕게 심는다.

\ Point /

개화

꽃이 피면 면봉 등으로 수술의 꽃가루를 암술에 묻혀서 인공 수분을 하고 웃거름을 준다. 딸기 열매가 붉게 물들기 시작하면 맛이 더 좋아지도록 물 양을 최대한 줄인다. 빛을 듬뿍 쬐어 딸기가 빨갛게 익었을 때 수확한다.

알록달록한 우리 집 웰빙 식재료

| plant no 25 | 파프리카

볕이 잘 드는 공간만 확보된다면
파프리카도 얼마든지 키울 수 있어요.
파프리카는 노랑, 빨강, 주황색 등 다양한 색깔,
다양한 맛의 품종이 있다는 건 너무나 유명하죠?
처음에는 녹색이었던 열매가 점점 예쁘게
물들어가는 모습이 매력적이에요.
정성스레 웃거름 주는 것도 잊지 마세요!

Part.4 모종으로 키우기

● 수확까지 걸리는 시간 … 45~60일

필요 없는 잎(줄기 끝이 아니라 중간에서 자라는 잎)이나 시들시들한 줄기는 부지런히 잘라내어 뿌리의 부담을 줄인다. 영양분이 집중되어 줄기가 더욱 튼튼하게 자란다. 물과 웃거름을 부지런히 주면 파프리카가 잘 열린다.

● 재배 장소

통풍이 잘 되고, 볕이 잘 드는 창가에서 키운다. 벌레가 날아들 수 있으니 신경이 많이 쓰인다면 베란다로 옮긴다.

\ Point 1 /

깊이가 있는 용기 선택

파프리카는 위로 길게 자라기 때문에 깊이가 15cm 이상인 화분에 키우도록 한다. 이미 열매가 달려 있는 모종을 구하면, 훨씬 쉽게 키울 수 있다.

\ Point 2 /

지지대 세우기

줄기가 옆으로 쓰러지지 않게 줄기와 나무젓가락을 끈으로 묶어서 고정한다. 줄기에 상처가 생기지 않도록 일단 나무젓가락의 중간을 끈으로 한 바퀴 감은 후, 끈을 양쪽으로 벌려 줄기를 감싸듯 조심스레 묶는다.

65

생각보다 키우기 쉬운 채소

plant no 26 | 꽈리고추

병충해에 강하고, 손도 많이 타지 않는 꽈리고추.
채광만 신경 쓰면 비교적 쉽게 키울 수 있는 채소예요.
빨갛게 익을수록 매운 맛이 강해지니 취향에 따라
수확 시기를 선택하세요. 아무리 손이 덜 탄다지만,
물과 웃거름은 정성껏 주세요.

● 수확까지 걸리는 시간 … 30일~

추위에 약하기 때문에 4월 중순부터 5월 무렵, 햇볕이 따뜻해진 이후에 판매하는 모종을 구입한다. 되도록 깊은 용기에 모종을 옮겨 심고, 흙은 너무 가득 담지 말고 공간*을 2cm 정도 남긴다.
※ 물을 줄 때 흙이나 물이 화분 밖으로 넘치지 않도록 확보하는 공간이다. 물을 고이게 뒀다가 천천히 흙 속에 스며들도록 한다.

● 재배 장소

하루 종일 볕이 잘 드는 장소에 놓고 키운다. 적절한 실내 온도는 25~30℃로 비교적 따뜻한 고온이 좋다.

\ Point 1 /

색에 따른 맛 차이

고추가 달리고 나서 한동안 수확하지 않으면 색이 빨갛게 변한다. 고추는 빨개질수록 매운 맛이 강해져서 순하고 상큼한 맛을 즐기기 힘들어진다.

\ Point 2 /

웃거름 주기

웃거름을 줄 때는 화학적으로 합성한 화성 비료보다 액체 비료를 주는 편이 효과가 빨리 나타난다. 액체 비료는 10일에 한 번 정도 주고, 비료가 잎에 닿지 않도록 뿌리 부근에 살살 뿌린다. 열매를 맺고 나면 식물도 지치기 마련이니 첫 수확이 끝난 후에 웃거름을 주자.

Part.4 모종으로 키우기

 디저트나 허브티에 어울리는 산뜻한 향기

plant no 27 | 민트

차로 우려 마시거나 과일, 혹은 디저트에 곁들이는 민트. 적은 양으로도 산뜻한 향이 감돌아서 부엌에 두고 키우면 쓸모가 많아요. 건조한 환경에 약하니까 정성껏 물을 주세요.

● 수확까지 걸리는 시간 … 1일~

잎이 달린 채로 구입한 민트 모종은 바로 잎을 따서 수확할 수 있다. 쑥쑥 자라기 때문에 처음부터 큰 용기에 모종을 심어 놓으면 분갈이를 할 필요가 없다.

● 재배 장소

통풍이 잘 되고, 어둡지 않은 그늘에서 키운다. 추위에 강하고 성장 속도가 빠르다. 뿌리가 꽤 길게 자라는 탓에 다른 식물의 성장을 방해할 우려가 있으니 한 화분에 다른 식물과 함께 심지 않도록 한다.

\ Point /

수확

수확할 때는 바깥쪽 잎을 따고, 곁순을 점점 늘리면 오랫동안 많은 양을 수확할 수 있다. 여름에는 무성한 잎을 솎아서 통풍이 잘 되도록 관리한다.

 1년 내내 수확하는 국민 허브

plant no 28 | 로즈마리

고기나 생선의 비린내를 없애고, 요리를 돋보이게 하는 로즈마리. 항산화작용과 살균작용이 강해서 냉증 개선이나 노화 방지에도 도움이 되지요.

● 수확까지 걸리는 시간 … 1일~

모종으로 재배하기 때문에 곧바로 따서 요리에 사용할 수 있다. 물 빠짐이 좋은 흙에서 잘 자라기 때문에 용기 바닥에 자갈을 깐다. 수확한 잎을 말리면 오랫동안 보관할 수 있다.

● 재배 장소

통풍이 잘 되고, 볕이 잘 드는 장소에서 키운다. 한여름의 덥고 건조한 환경에는 강하지만, 줄기가 너무 무성하면 아래쪽 잎이 시들 수 있으니 위쪽 잎을 수확하는 김에 가지치기를 하면 좋다.

\ Point /

시들었을 때

시들었을 때는 싱싱한 부분은 남기고 회색으로 변한 줄기 부분을 잘라낸 후, 허브 재배용 흙을 보충해 준다. 이렇게 복토를 하면 시들시들했던 잎들이 다시 건강해진다. 파릇파릇한 잎이 남아 있다면, 꺾꽂이(삽목)하여 통풍이 잘 되는 장소로 옮겨 키운다.

67

 자극적이고 야성적인 이탈리안 허브

plant no 29 | 오레가노

오레가노는 기원전부터 약의 원료로 사용했을 만큼 인류와 긴 역사를 함께한 허브예요. 치즈, 토마토와 궁합이 잘 맞아서 스튜로 요리하면 아주 좋아요. 소화 작용뿐 아니라 방부 및 살균 작용이 뛰어나지요. 오레가노는 말렸을 때 향이 더 강해진다는 것도 기억해 두세요.

● **수확까지 걸리는 시간 … 1일~**
모종을 심고 바로 수확할 수 있다. 물 빠짐이 잘 되는 흙을 좋아하기 때문에 용기 바닥에 자갈을 넣는다. 잎이 너무 무성해지지 않도록 촘촘하게 자란 부분은 수확할 때 솎아주자.

● **재배 장소**
어둡지 않은 그늘에서도 잘 자라지만, 빛을 좋아하기 때문에 되도록 볕이 잘 드는 장소에서 키운다. 모종은 봄이나 가을에 심는 것이 가장 좋다. 장마 때는 잎을 솎아서 통풍이 잘 되도록 한다.

\ Point / 통풍
다소 습기에 약하기 때문에 1년 중 건조할 때 키우는 게 좋다. 장마철부터 여름 사이에는 통풍시켜서 무르지 않도록 하는 것이 재배 포인트! 이미 물러 썩어가는 줄기는 얼른 제거한다.

 다양한 요리에 어울리는 스파이시 허브

plant no 30 | 타임

타임은 가드닝 초보자도 튼튼하게 키울 수 있는 허브예요. 향이 풍부해서 고기의 잡내를 없애고 감칠맛과 풍미를 느끼게 해준답니다. 소화 촉진, 입냄새 제거, 꽃가루 알레르기 개선에 특효약이에요.

● **수확까지 걸리는 시간 … 1일~**
1년 내내 언제든지 수확할 수 있지만 말려서 보관하고 싶을 때는 꽃이 피기 전인 5~6월 즈음, 향이 가장 강할 때 수확한다. 수확한 잎은 그대로 사용해도 되고, 말려서 사용해도 좋다.

● **재배 장소**
워낙 튼튼해서 그늘에서도 잘 자라지만 햇빛을 많이 보고 자라야 잎에 윤기가 흐른다. 또 열이나 추위는 잘 견디는 편이지만 고온다습한 시기에는 수확할 때 솎음질을 같이 하는 등 신경을 써야 한다.

\ Point / 튼튼한 모종 고르기
잎이 크고 생기가 넘치는 모종을 고른다. 잎을 살짝 문질러서 손가락에 묻은 향을 맡아본 후 향이 마음에 드는 모종을 구입해서 키워보자.

Part.4 모종으로 키우기

 요리, 차, 입욕제로 만능 활약

plant no 31 레몬그라스

레몬처럼 상큼한 향이 감도는 허브, 레몬그라스. 차로 우려 마셔도 좋고, 닭 요리나 스프와도 잘 어울려요. 따뜻한 욕조 물에 띄우면 좋은 향기 속에서 목욕을 즐길 수 있답니다. 잎을 말려서 장기간 보관해도 괜찮아요.

● 수확까지 걸리는 시간 … 30일~
열대 식물이기 때문에 한여름 더위에도 끄떡없고, 메마른 흙에서도 잘 자란다.

● 재배 장소
볕이 잘 들고 통풍이 잘 되는 곳에서 키운다. 추위에 약하고 따뜻한 환경을 좋아하기 때문에 실내 가드닝에 적합하다. 물을 듬뿍 주는 것도 잊지 말자.

\ Point / 시들었을 때

레몬그라스는 추위에 워낙 약해서 겨울에는 시들어버릴 수 있다. 그렇다고 쉽게 포기하지 말자. 밑동을 10cm만 남기고 가위로 자른 후 물을 계속 주면 봄에 다시 살아난다.

 생선 요리에 꼭 필요한 허브

plant no 32 딜

딜은 적은 양으로도 향을 마음껏 즐길 수 있어요. 생선과 유독 궁합이 좋은데, 북유럽에서는 연어 요리에 자주 사용해요. 드레싱에 넣어도 잘 어울리고요. 흙의 겉면이 건조해질 때마다 물을 듬뿍 주면서 키우세요.

● 수확까지 걸리는 시간 … 1일~
꽃이 피면 잎이 시들어버리기 때문에 잎은 꽃이 피기 전에 수확한다. 씨앗으로도 키울 수 있는데, 씨앗을 뿌리고 30일쯤 지나 수확할 수 있다.

● 재배 장소
그늘에서는 잘 자라지 않는다. 통풍이 잘 되고 햇빛이 많이 들어오는 창가에서 키운다.

\ Point / 수확

어린잎부터 차례로 수확한다. 키가 20cm 정도 되었을 때 지지대로 줄기를 받쳐주면 훨씬 안정적으로 자란다. 2주에 한 번은 액체 비료를 주는 것이 좋다. 새순 끝을 따면(순따기) 그 사이에서 새순이 자라 줄기 수가 점점 증가해서 오랫동안 수확할 수 있다.

Part 4 모종으로 키운 채소를 맛있게 즐기는 간단 레시피

방울토마토 이탈리안 볶음밥

재료(2인분)
- 방울토마토 … 20개
- 쌀 … 2공기
- 버터 … 20g
- 안초비 … 2토막
- 콩소메 큐브 … 1개(물에 푼 것)
- 이탈리안 파슬리 다진 것 … 1작은술
- 소금 … 약간

recipe
1. 방울토마토를 제외한 재료를 전기밥솥에 넣고 물 양을 맞춘 다음 꼭지를 딴 방울토마토를 올려 밥을 짓는다.
2. 밥이 다 되면 그릇에 옮겨 담는다.

One point advice
입맛에 따라 화이트 와인 2큰술을 넣거나 문어를 넣으면 특유의 향이 어우러져 맛이 더욱 풍부해진다. 다양한 색깔의 방울토마토를 키우면 알록달록한 색감에 밥상이 더욱 화려해진다.

딸기와 민트를 올린 허니 바게트

재료(2인분)
- 딸기 … 6개
- 민트 … 6장
- 마스카포네 치즈 … 2큰술
- 꿀 … $\frac{1}{2}$ 큰술
- 바게트(1cm 굵기로 자른 것)… 6장

recipe
1. 딸기는 꼭지를 따고 얇게 슬라이스한다.
2. 마스카포네 치즈를 바른 바게트에 딸기를 줄지어 올린 후, 그 위에 민트를 얹고 꿀을 뿌린다.

One point advice
꿀이 없을 때는 메이플 시럽을 뿌려도 잘 어울린다. 딸기가 아닌 다른 과일을 얹는 등 다양하게 응용해 보자.

Let's Cook!

레몬그라스 아시안 닭꼬치

재료(2인분)
- 레몬그라스 … 2줄기
- 닭 다리 살 … 150g
- 소금, 후추 … 적당량
- 남플라 … 1작은술
- 라임 즙 … 1큰술

recipe
1. 닭 다리 살을 먹기 좋은 크기로 잘라서 소금, 후추, 남플라, 라임 즙을 뿌려 간을 한다. 그리고 말린 레몬그라스 줄기를 꽂아 냉장고에서 30분 정도 숙성시킨다.
2. 1을 냉장고에서 꺼내 그릴에 굽는다.
3. 겉면이 노릇노릇해질 정도로 알맞게 익으면 라임을 곁들여 그릇에 담는다. 먹을 때는 레몬그라스 줄기를 뺀다. 마치 꼬치구이를 먹는 듯한 재미를 느낄 수 있다.

> **One point advice**
> 레몬그라스가 잘 꽂히지 않을 때는 구운 닭고기에 이쑤시개로 구멍을 내서 꽂아 보자. 그래도 잘 꽂아지지 않는다면, 닭고기를 숙성시킬 때 레몬그라스 잎을 잘게 다져 넣어 허브의 풍미를 만끽할 수 있다.

로즈마리 과일차

재료(2인분)
- 로즈마리 … $\frac{1}{2}$ 줄기
- 딸기 … 2개
- 오렌지 … $\frac{1}{4}$ 개
- 사과 … $\frac{1}{4}$ 개
- 허브티 또는 홍차(티백) … 2봉
- 꿀 … 1큰술

recipe
1. 커다란 찻주전자나 그릇에 허브티나 홍차 티백을 적당량 우린 후 냉장고에 넣어 차갑게 식힌다.
2. 딸기, 오렌지, 사과는 껍질을 벗기지 말고 한입 크기로 자른다.
3. 차가워진 1에 잘라놓았던 과일과 꿀, 로즈마리를 넣어 하루 정도 두었다 마신다.

> **One point advice**
> 허브티는 로즈힙이나 히비스커스처럼 색감이 선명한 것을 우려야 예쁘다. 과일은 계절이나 취향에 따라 다양하게 응용할 수 있다. 시원한 소다수를 타거나 레드 와인을 첨가하여 상그리아처럼 즐겨도 멋스럽다.

방울토마토 간단 술안주

재료(2인분)
- 방울토마토 … 10개
- 달걀 … 1개
- 빵가루 … 10g
- 버터 … 5g
- 파슬리 … 약간

A …
- 마요네즈 … $\frac{1}{2}$큰술
- 분말 머스터드 … $\frac{1}{2}$작은술
- 엑스트라버진 올리브오일 … 1작은술
- 소금, 후추 … 약간

recipe
1. 방울토마토는 꼭지에서 $\frac{1}{4}$ 부분을 자르고 숟가락으로 속을 파낸다.
2. 곱게 다진 삶은 달걀, 1의 토마토 속, A의 재료를 모두 섞어서 달걀 소스를 만든다.
3. 프라이팬에 버터를 녹인 후, 중간 불에서 빵가루를 볶아 먹음직스럽게 색을 입힌다. 노릇노릇해진 빵가루를 2와 섞는다.
4. 속을 파놓은 토마토에 3의 달걀 소스를 채워 완성한다.

One point advice
방울토마토를 준비할 때 과도를 이용해서 반을 가른 후, 작은 찻숟가락으로 속을 파면 수월하다. 빵가루는 바삭바삭한 식감이 날 때까지 볶아야 훨씬 맛있게 즐길 수 있다. 바삭바삭한 빵가루는 샐러드에 뿌려 먹어도 된다.

구운 파프리카 절임

재료(2인분)
- 파프리카(빨강, 노랑) … 각 $\frac{1}{2}$개
- 로즈마리 … 1다발
- 올리브오일 … 1큰술
- 화이트 와인 비네거 … 1작은술
- 꿀 … 1작은술
- 소금, 후추 … 적당량

recipe
1. 프라이팬에 올리브오일을 두르고, 한입 크기로 자른 파프리카를 넣는다.
2. 로즈마리, 소금, 후추, 꿀로 간을 하면서 파프리카의 겉면이 살짝 노릇노릇해질 때까지 굽는다.
3. 2를 그릇에 옮기고, 화이트 와인 비네거를 뿌려 냉장고에서 식힌 후 먹는다.

One point advice
파프리카는 익힐수록 단맛이 강해지므로 꿀을 많이 넣지 않아도 된다. 취향에 따라 당도를 조절하자. 파프리카에 함유되어 있는 카로틴은 기름과 함께 조리하면 흡수율이 높아진다.

실내 가드닝 통신 ③

에디블 플라워를 길러봅시다

재배부터 수확까지 … 1주일

키우는 방법은 꽤 간단하다. 이미 꽃이 피어 있는 모종을 구입한 후 적당한 크기의 용기에 옮겨 심으면 된다. 꽃잎을 따서 샐러드나 카르파초에 곁들이기만 해도 평소 식탁과 전혀 다른 분위기를 연출할 수 있다. 흙이 건조해지면 부지런히 물을 주자.

재배 장소

창가처럼 통풍이 잘 되고 볕이 잘 드는 장소에서 키운다. 한여름에는 얇은 커튼을 쳐서 직사광선에 노출되지 않도록 한다.

에디블 플라워(Edible Flower)

에디블 플라워는 '먹을 수 있는(Edible)', '꽃(Flower)', 말 그대로 식용 꽃을 말한다. 식용 꽃에는 비타민과 섬유질이 풍부해서 채소 못지않게 영양 가치가 높다.

Point

- 모종을 심을 때 밑동의 위치가 약간 높아지도록 심으면 물 빠짐이 좋아진다.
- 식용 꽃은 건조한 환경에 약하기 때문에 흙이 마를 때마다 물을 충분히 준다. 특히 여름에는 건조해지기 쉬우니 물을 듬뿍 줘야 한다.

보관 방법

- 물에 적신 키친타월 위에 꽃잎을 얹고 그 위에 랩을 씌워 놓으면, 냉장고 채소 칸에서 3~7일 정도 보관할 수 있다.
- 맑은 날, 통풍이 잘 되는 장소에서 꽃잎을 1~2주 동안 말리면 드라이플라워가 된다. 홍차에 띄우면 산뜻한 꽃차를 즐길 수 있다.

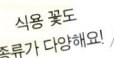
식용 꽃도 종류가 다양해요!

팬지, 비올라, 한련화, 카네이션, 덴파레 등

꽃 내음 폴폴, 식용 꽃 레시피

과일 꽃잎 샐러드

재료(2인분)

- 식용 꽃 … 6송이
- 자몽 … 1개
- 루꼴라
- 올리브오일 … 2작은술
- 소금 … 적당량

recipe

1. 자몽을 반으로 자르고, 껍질이 상하지 않도록 과육을 분리한다. 껍질과 분리한 자몽은 먹기 좋은 크기로 자른다.
2. 잘라 놓은 자몽을 루꼴라, 올리브오일, 소금과 버무려 그릇에 담고, 그 위에 식용 꽃잎을 흩뿌려 완성한다.

One point advice
칼을 이용하면 자몽 껍질과 과육을 쉽게 분리할 수 있다. 샐러드나 카르파초를 먹을 때 식용 꽃을 살짝 곁들이면 식탁이 금세 화려해진다. 반짝이는 아이디어로 다양하게 즐겨보자.

실내 가드닝 통신 ④

다육식물 용월 재배하기

재배부터 수확까지
잎을 구입해서 그대로 흙에 꽂아 키우면 서서히 번식시킬 수 있다. 잎의 크기가 6cm 정도로 자랐을 때 먹는다.

재배 장소
볕이 잘 들고 통풍이 잘 되는 창가에서 키운다. 추위에 약하기 때문에 실내 가드닝에 적합한 식물이다.

Point
- 배양토, 혹은 물 빠짐이 잘 되는 다육식물 전용 흙에 잎을 직접 꽂아서 키운다.
- 너무 덥거나 춥지 않게 관리해야 한다. 여름에는 물 주는 횟수를 줄여서 약간 건조하게 키운다.

용월이란?
용월은 멕시코가 원산지인 다육식물로 얼핏 알로에를 닮았다. 잎 한 장에 비타민, 미네랄, 마그네슘, 칼슘 등이 듬뿍 함유되어 있어서 웬만한 건강 보조 식품에 못지 않다. 풋사과와 같은 그윽한 산미와 청량감을 느낄 수 있어 새롭게 각광 받는 식재료이다. 위장을 다스려서 혈당치를 개선하고, 폐 기능을 향상시키는 효과가 있다.

그냥 꽂으면 끝!

잎이 나왔어!

용월을 이용한 독특 레시피

다양하게 즐기기
잎을 마요네즈, 고추냉이 간장, 된장에 찍어서 생으로 먹어도 맛있다. 작게 잘라 스프나 된장국에 넣거나 양념장, 무즙에 섞어 요리한다.

용월과 토마토를 곁들인 냉 파스타

재료(2인분)
- 용월 잎 … 8장
- 후르츠 토마토* … 2개(또는 방울토마토 6개)
- 올리브오일 … 적당량
- 레몬 즙 … 1작은술
- 안초비 … 1토막
- 멸치 … 40g
- 카펠리니(파스타) … 70g
- 소금 … 적당량

후르츠 토마토: 일본에서 재배되는 자두 크기의 토마토로 당도가 매우 높다.

recipe
1. 후르츠 토마토를 적당한 크기로 잘라 으깬 후 올리브오일, 레몬 즙, 안초비 다진 것과 버무린다. 멸치, 끓는 물에 살짝 데친 용월 잎을 잘라 넣는다.
2. 소금을 넣은 끓는 물에 카펠리니를 넣어 삶는다. 면이 적당히 익으면 얼음물에 헹궈 물기를 뺀다. 1과 잘 버무려 소금 간을 한다.

귀엽고 간편한 재배 키트

잡화 매장을 구경하다 보면 흙과 씨앗이 세트로 들어 있는 깜찍한 재배 키트가 눈에 많이 띄어요. 모든 재배 키트가 실내 재배용으로 출시된 것은 아니지만, 집 안에서 채소를 처음 키우는 사람이라면 재배 키트의 도움을 받아보는 것도 좋겠죠?

귀여운 종이컵에 기르는 새싹채소
종이 화분 새싹 키우기

종이컵 사이즈라 싱크대나 식탁 등 어디에든 올려놓고 기를 수 있다는 장점이 있어요. 씨앗과 배양토, 거름망이 들어 있고 씨앗 종류와 환경에 따라 발아 시기는 조금씩 차이가 있지만 3~5일이면 싹이 나오지요. 거름망을 밑에 깔고 배양토를 담은 뒤 씨앗을 뿌리세요. 싹이 날 때까지는 빛을 차단시켜 주세요.

활용도 높은 플라스틱 화분이 있어서 편리
화분 씨앗 세트

플라스틱 화분 안에 포장된 씨앗과 배양토, 화분 받침까지 들어 있어서 따로 화분을 준비하지 않아도 알록달록한 기분을 즐길 수 있지요. 씨앗 심는 방법이 자세히 사진으로 첨부되어 있어서 초보자도 쉽게 도전할 수 있어요. 싹이 나고 어느 정도 자라면 큰 화분으로 옮겨 심어주세요.

귀여운 채소와 새싹을 간편하게 길러요
캔 화분 씨앗 세트

알록달록 예쁜 캔 화분이 사랑스러운 재배 키트입니다. 가격은 약간 비싸지만 예쁜 캔 화분이 인테리어 효과까지 주니까 일석이조예요. 캔 바닥에 거름망 용도의 스펀지가 깔려 있고, 비닐백에는 배양토와 씨앗이 담겨 있어요. 재배 설명서가 캔 안에 들어 있으니 씨앗을 심을 때 꼭 설명서 종이를 제거하세요.

저렴하게 새싹채소를 길러보세요
새싹채소 기르기 세트

납작한 플라스틱 그릇에 스펀지와 새싹채소 씨앗이 들어 있어요. 실내 가드닝 초보자에게 적합하고, 가격이 저렴해서 실패해도 다시 도전할 수 있는 장점이 있지요. 약 2회 기를 수 있는 분량의 씨앗이 들어 있습니다. 브로콜리는 싹이 날 때까지는 빛을 차단시켜 주세요.

이럴 때 어떡하지?
실내 가드닝 Q&A

집 안에서 채소를 키우다보면 궁금한 점이 산더미처럼 쌓일 거예요. 무엇이든 물어보세요!

Q. 발아가 안 돼요. 싹이 잘 나게 하려면 어떻게 해야 하죠?

A 여름에는 흙이 마르기 쉽기 때문에 발아하기 전까지 그늘에 두는 것이 좋아요. 또 씨앗을 너무 깊게 심으면 산소와 제대로 접하지 못해서 싹이 잘 나지 않을 수 있어요. 흙은 씨앗의 약 2~3배 두께로 덮어주세요. 싹이 날 때까지는 물을 충분히 줘야 하지만, 발아 후에는 물 양을 조금 줄여서 약간 건조하게 키우세요.

Q. 싹이 똑바로 자라지 않고 금방 축 처져요.

A 채소를 키울 때는 줄기가 튼실하게 뻗어나가도록 복토를 하는 것이 중요해요. 특히 뿌리채소는 복토를 잊지 말고 해줘야 해요. 흙에 물을 골고루 뿌려서 흙 안에 공기와 영양분이 스며들 공간을 만들어주는 거죠. 가끔씩 흙의 겉면을 숟가락으로 뒤적이면 좋아요.

Q. 한번 시들면 되살릴 수 없나요?

A 싹이 시들었다면 물이 부족하거나 흙 속에 뿌리가 썩었을 가능성이 있어요. 흙이 말랐을 때는 물을 듬뿍 뿌려주고, 직사광선에 노출되었다면 일단 그늘로 옮겨주세요. 뿌리가 썩었을 경우에는 새 흙을 넣어서 숟가락으로 살짝 섞어주세요. 무엇보다 새순이 자랐을 때의 기쁨을 상상하면서 싹이 건강하게 자라도록 지속적으로 정성을 쏟는 게 중요해요. 하지만 아무리 애써도 싹이 건강해지지 않는다면, 안타깝지만 처음부터 다시 키워야 해요.

Q. 물은 언제 줘야 가장 좋을까요?

A 흙의 겉면이 건조해졌을 때는 물을 충분히 줘야 하는 건 알고 계시죠? 하지만 뜨거운 땡볕 밑에서 물을 주면 물이 뜨겁게 데워질 우려가 있고, 추운 겨울밤에 물을 주면 뿌리가 상할 수 있어요. 이처럼 물을 주는 시간에도 각별한 주의가 필요해요. 기본적으로 따뜻한 오전 중에 물을 주는 것이 가장 좋아요.

Q. 씨앗마다 색이 다른 이유는 뭐죠?

A 어떤 씨앗에는 병충해 피해를 줄이기 위해 소독 처리가 되어 있어요. 물론 인체에 해롭지 않다고 검증된 농약을 극소량 사용하기 때문에 걱정하지 않아도 돼요. 또한 파종할 때 몇 알씩 얼마나 뿌렸는지 알아보기 쉽도록 흙과 구분이 잘 되는 빨간색이나 녹색으로 씨앗을 염색하기도 하죠.

실내 가드닝 통신 6

Q. 채소를 담가둔 물에서 악취가 나요.

A 아주 더운 여름에는 용기의 내부 온도도 높아지기 때문에 물이 썩을 수 있어요. 무순 같은 새싹채소를 키울 때는 물을 너무 많이 주지 않도록 주의해야 해요. 분무기로 잎을 적셔주는 정도면 충분해요. 특히 대파를 물에 담가 키울 때는 뿌리 부근에 냄새가 나기 쉬운데, 신경이 쓰인다면 얼른 흙에 옮겨 심으세요.

Q. 실내조명만으로 잘 자랄까요?

A 새싹채소, 파드득나물, 대파 등 일조량이 부족해도 잘 자라는 채소는 실내조명만으로도 충분히 잘 자라요. 대개 씨앗을 심어 키우는 채소는 햇빛을 충분히 쬐어야 하므로 볕이 잘 드는 장소에서 키워야 하죠. 각 가정의 채광 상태를 잘 파악해서 적합한 채소를 선택하세요.

Q. 집을 오래 비워야 할 때는 어떡하죠?

A 며칠 동안 집을 비워야 할 때는 외출하기 전에 물을 충분히 줘야 해요. 만약 장기간 집을 비워야 한다면, 웃거름을 주는 것도 좋아요. 화분에 비닐봉지를 덮어서 보습 효과를 주는 것도 좋은 아이디어지요. 또 시중에 판매하는 뾰족한 캡을 이용해 보세요. 물을 담은 페트병에 뚜껑 대신 캡을 씌워 흙에 꽂아두면, 천천히 물이 스며들면서 수분이 공급된답니다.

Q. 남은 씨앗은 어떻게 보관하죠?

A 뿌리고 남은 씨앗은 지퍼 팩처럼 밀폐가 되는 봉투나 용기에 넣어 냉장고에 보관합니다. 다만 오래된 씨앗은 발아가 잘 안 되기 때문에 기한 내에 사용하는 것이 좋아요. 씨앗을 구입할 때 봉투에 적혀 있는 채취 날짜나 유효기간을 잘 확인하세요.

Q. 한겨울이나 한여름에도 건강하게 키우고 싶어요.

A 한겨울에는 발포 스티로폼 안에 용기를 넣고 그 위에 비닐을 덮어 '즉석 온실'을 만들어 보온해 주세요. 또 난방을 틀어서 재배에 적합한 실내 온도를 유지하면, 아무리 추운 겨울에도 끄떡없어요. 한여름에는 흙이 건조해지기 쉬우니 물을 자주 줘야 해요. 토마토나 파프리카 같은 여름 채소를 제외하면 창가에 얇은 커튼을 쳐서 뜨거운 직사광선에 노출되지 않도록 주의하세요.

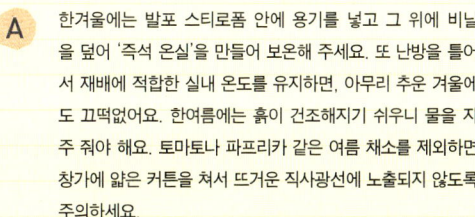

Q. 자갈을 넣어야 하는 채소와 넣지 않아도 되는 채소는 어떻게 구분하죠?

A 용기 바닥에 자갈을 넣으면 흙에 작은 틈이 생겨서 물 빠짐이 좋아지고 뿌리가 충분히 호흡할 수 있어요. 어린잎처럼 성장 기간이 짧은 채소는 자갈을 넣지 않아도 문제없이 잘 자라지만, 방울토마토처럼 성장 기간이 비교적 긴 채소는 뿌리가 썩는 것을 방지하기 위해서 자갈을 넣어주면 좋아요.

Q. 석양빛이 드는 창가에서도 잘 자랄까요?

A 방울토마토나 파프리카처럼 빛을 좋아하는 채소는 석양빛만 쬐어서는 잘 자라지 않아요. 하지만 파드득나물, 대파, 차조기처럼 그늘이나 반그늘에서 잘 자라는 채소는 석양빛으로도 잘 자라요. 여름에는 태양이 높이 있기 때문에 오전 중에 볕이 잘 들고, 겨울에는 실내 안쪽까지 볕이 들어와요. 빛을 좋아하는 채소는 각 가정의 채광 상태를 잘 살펴서 기온과 일조량에 따라 화분 위치를 옮겨주세요. 조금이라도 빛을 많이 보게 하는 것이 중요하니까요.

Q. 자꾸 벌레가 생겨요.

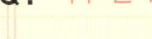

A 같은 화분이나 바로 옆 화분에 허브와 대파를 함께 키우면 해충 피해를 막을 수 있어요. 또 끓는 물에 방금 딴 허브 잎을 10g(말린 잎은 5g) 정도 넣으면 친환경 해충 방지 스프레이가 완성되지요. 스프레이 용기에 담아서 잎에 뿌려주세요. 특히 여름 채소에는 벌레가 생기기 쉬워요. 벌레를 발견한 즉시 칫솔로 문지르거나 휴지로 닦아서 없애야 해요.

Q. 수확이 끝난 흙을 재활용해도 되나요?

A 재활용이 가능하기는 하지만, 실내 가드닝을 할 때는 되도록 새 흙을 사용하는 것이 좋아요. 흙을 다시 사용하면 벌레가 훨씬 잘 생기거든요. 어쩔 수 없이 재활용해야 하는 상황이라면 석회질소와 부엽토를 섞어서 10일 정도 두었다가 쓰세요. 이렇게 만든 흙은 베란다나 정원용으로 사용해도 괜찮아요.

Q. 무엇을 속아내야 할지 모르겠어요.

A 한 곳에 겹쳐 자랐거나, 떡잎이 너무 작거나, 시들시들하게 누워 있는 등 성장 상태가 나쁘고 약해 보이는 싹은 골라서 속아주세요. 한 번에 전부 속아내려 하지 말고, 여러 번에 걸쳐서 속아야 좋아요. 손가락이나 핀셋 등으로 뽑으면 돼요.

마치며

제가 채소 기르기에 처음 눈을 뜬 건 초등학생 때였어요.

우리 가족이 밭에서 직접 키운 채소들을 수확해서 한 입 먹어 보고는 그 신선한 맛에 흠뻑 빠져버렸지요. '직접 키운 채소가 이렇게 맛있구나!' 하고 감동했던 기억이 아직도 생생해요.

그 후로 애정을 담아 정성껏 채소를 키우는 즐거움, 그리고 수확의 벅찬 기쁨을 한 사람이라도 더 알았으면 하는 마음이 간절했어요. 그래서 농업을 체계적으로 공부한 후 자격증을 획득할 수 있는 '팜 마에스트로 협회'를 설립하게 되었습니다.

매일같이 물을 주고 마음을 다해 보살피다 보면, 가끔은 채소가 내 자식처럼 여겨질 때가 있어요. 잎이 나면 칭찬도 많이 해주세요. 그러면 우리 마음속에도 작은 변화가 꿈틀대지요. '채소들도 저 작은 잎으로 생존을 위해 몸부림치는데, 나도 지금보다 더 열심히 살아야지!' 하고 기운이 샘솟아요. 그리고 채소를 돌보듯 주변 사람들에게도 더욱 마음을 쓰게 된답니다.

요즘에는 집 안에서 약 40가지의 채소와 허브를 키우고 있어요.

난방기나 에어컨으로 실내 온도를 조절할 수 있고, 비바람의 영향을 받지 않는다는 점이 실내 가드닝의 장점이지요. 한겨울에는 밖에서 절대 키울 수 없는 채소도 쑥쑥 자라서 좋고요. 이처럼 실내 가드닝은 큰 마당이 없어도, 밭에 나가지 않아도 다양한 채소를 직접 키울 수 있어요.

좋은 점은 또 있어요. '오늘은 어떤 허브를 넣어 먹을까?', '이 채소를 어떻게 해먹을까?'라는 생각만으로도 요리가 더욱 즐거워진답니다.

내 손으로 키운 채소만이 낼 수 있는 그 특별한 맛!

스스로 무언가 만들어 먹는다는 것은 참 행복한 일이지요. 이 책을 읽은 독자 여러분들도 쉽고 즐거운 '실내 가드닝'의 매력을 한껏 느껴보길 바랍니다.

스즈키 아사미

스즈키 아사미 저

요리연구가 | 팜 마에스트로 협회 이사장

어린 시절에 주말농장에서 채소를 키운 경험을 바탕으로 현재도 스스로 밭에서 무농약 채소를 재배하여 몸속까지 건강하고 아름다워지는 다양한 채소 요리법을 개발했다. 식품과 농업의 중요성을 많은 사람들에게 전달하고자 농업 기술을 배워 자격증을 취득할 수 있는 일반 사단법인 '팜 마에스트로(Farm Maestro) 협회'를 설립했다. 졸업생들과 함께 카페나 디저트 등을 기획하거나 관련 메뉴와 레시피 개발에 힘쓰고 있다. 최근작으로 집 안에서 손쉽게 즐길 수 있는 채소 농작법을 소개하는 〈우리 집 채소밭〉을 출간했다.

일반 사단법인 팜 마에스트로 협회 홈페이지 http://www.farm.fm
스즈키 아사미 블로그 http://ameblo.jp/asami-recipe

김세원 역

LG애드 대학생 공모전 TV-CM 부문에 입상. LG애드 제작팀 인턴을 거쳐 출판사에서 학습 콘텐츠와 동영상 강의를 구성했다. 영화사에서 시나리오 기획과 각색 업무를 했으며 역서로는 〈뇌와 마음을 지배하는 물길〉, 〈자율신경 실조증의 예방과 치료법〉, 〈오토코마에 두부〉, 〈증상으로 알아보는 병과 치료법〉, 〈마음을 망치는 음식 마음을 살리는 음식〉 등이 있다.

1판 1쇄 인쇄 2018년 3월 20일
1판 1쇄 발행 2018년 3월 30일

저　　자 | 스즈키 아사미
역　　자 | 김세원
디 자 인 | 안혜령, 김지혜
경영지원 | 이예림, 박세영
영　　업 | 김석
출력인쇄 | 도담프린팅

발 행 인 | 손호성
펴 낸 곳 | 봄봄스쿨

등　　록 | 제 300-2010-174호
주　　소 | 서울시 종로구 송월길 99 경희궁 자이 2단지 204동 1402호
전　　화 | 070.7535.2958
팩　　스 | 0505.220.2958
e-mail | atmark@argo9.com
Home page | http://www.argo9.com

ISBN 979-11-5895-122-1　13520

※ 값은 책표지에 표시되어 있습니다.
※ 〈아르고나인〉은 국내 친환경 인증 콩기름 잉크를 사용하여 인쇄합니다.